1時間でわかる
省エネ住宅！

夢を叶える家づくり

本当に快適に暮らす
「パッシブデザイン」の秘密

コラボハウス一級建築士事務所
温熱担当
高垣吾朗
Goro Takagaki

青春出版社

太陽の熱や風など
自然の力を活かした
究極の省エネ住宅。
それが「パッシブデザイン」です。

PASSIVE DESIGN

はじめに
自然の力を取り入れた省エネ住宅とは？

ほとんどの家は欠陥住宅⁉

ちょっと怖い話をさせていただきます。

「日本の家の9割以上が欠陥住宅だ」と言ったら、あなたは信じますか？

「そんなことはない。うちの家は欠陥なんかじゃない」と、多くの人は反論するでしょう。

しかし、〝快適な家〟という観点からみたら、ほとんどの家が欠陥住宅になってしまいます。「夏涼しく、冬暖かい」ことが快適な家の必要条件ですが、日本の家の多くは驚くほど断熱性が低いレベルにあるのです。

最近、家を建てた知り合いの夫婦には、5歳になるお子さんがいます。毎年お正月に、静岡県にある奥さんの実家へ帰省するとき、困った事態が発生するそうです。

その5歳のお子さんが、

「おばあちゃんの家、遊びに行きたくない。だって寒いんだもん！」

と言って、帰省をとても嫌がるというのです。

奥さんはこう言います。

「確かに実家は寒いですが、これくらいは普通だろうと思っていました。でも、結婚して自分たちの家に住んでみると、実家がいかに寒かったか、はじめて気がつきました」

おばあちゃんの家は、隙間《すきま》風がビュンビュン入ってきます。日本では比較的温暖な地域にあるのですが、冬は暖房を入れてもなかなか暖まりません。

実は、冬寒い家は、エアコンをかけるとますます寒くなるのです。

空気は暖められると上に上昇するので、あったかい空気が天井から吹き抜けます。すると、室内外の気圧が変化し、それに伴い対流が起こり、冷たい外気が隙間風となって家の中にスースーと入ってくるのです。これが〝欠陥住宅〟の実情です。

寒さは健康を脅かす要素なので、私は〝不健康住宅〟と呼んでいます。

このおばあちゃんの家は特別ではなく、日本全国の家のなんと95％が、このような欠陥住宅、不健康住宅なのです。

家づくりでもっとも大切なポイントは、「断熱」と「気密」です。その2つを高いレベルで満たすのが、次世代型の「パッシブデザイン」の家です。パッシブデザインの「パッシブ」とは、「受け入れる」ことを意味します。具体的には、太陽の光や熱、流れる風の力を受け入れて利用し、そのエネルギーを住まいの性能として役立てます。

先ほどのご夫婦が建てたのは、このパッシブデザインの家でした。日本の標準的な家に遊びに行くのをお子さんが嫌がるほど、パッシブデザインの家は居心地が良いのです。

パッシブデザインの家は何が凄いのか

自然の力を活用する家といえば、太陽光発電や省エネ家電を取り入れたエコ住宅は、これまでにも数々ありました。しかしそれらの住宅は、自然のエネルギーを能動的（アクティブ）に活用をするために「人工的な設備」を必要とします。

パッシブデザインは、人工的な設備に頼らずに、自然の力をそのまま受動的に取り入れて快適な室内環境をつくろうとするものです。物理学をもとに、その快適さを数字で表すことも可能です。現在では、壁の温度などは赤外線レーザーで一瞬にして測ることもできるのです。

パッシブデザインでは、壁や床の断熱性を高めて高気密の家にすることを重視します。また、窓の配置などを考慮して、通風と採光を工夫します。

夏は熱と光を遮り、風通しを良くし、冬は光と熱をできるだけ取り入れます。光と風をうまくコントロールするパッシブデザインを採用することによって、エアコンがなくても夏涼しく、冬は暖かく、年中風通しも日当たりも良いという、快適な家が実現します。それは、決して難しいことではないのです。

しかも、パッシブデザインの家はそれほどコストがかかりません。断熱材などにそれなりの費用はかかりますが、その後の光熱費の差額で充分に元がとれてしまいます。自分の家で使う電気のほかに、月約2万円分の電気エネルギーを余分につくることも可能なパッシブデザインの家もすでに誕生しています。

つまり、10年、20年と住み続けているうちに、大きな差がつくわけです。

パッシブデザインの家は、年間を通して部屋の中の温度が一定です。四季を通して部屋の温度があまり変わらないというのは、非常に快適なので、住む人の幸福度は当然高まります。

暖かく快適な家に住むことによって、さまざまな病気を未然に防ぎ、平均で年間1人あたり2万円もの医療費が削減できるという研究データも発表されています。

資産価値の高い家の基準が変わる

このようにパッシブデザインはさまざまな利点があるにもかかわらず、日本ではまだあまり知られていません。

ヨーロッパではパッシブデザインはスタンダードになっているのですが、残念なことに、日本における普及率はたったの0・1%です。1000軒に1軒しかつくられていないのです。住宅会社に勤める人のなかにも、パッシブデザインを知らない人はたくさんいます。

しかし、2020年には、建築業界にも大きな変化が起こります。

これまでは、ただの目安でしかなかった「省エネルギー基準」が、今後新しく建てられるすべての住宅で遵守《じゅんしゅ》することが義務付けられたのです。その対策をしっかり行って建てるかどうかにより、「家の資産価値」も変わってくるということです。

本書では、新しい省エネ基準に対応でき、快適かつ経済的にも優れた家――いわば究極の省エネ住宅ともいえる家――を建てるための方法を、なるべくわかりやすく紹介しています。

リフォームをするときのコツにも触れているため、すでに家を建てられた方にも活用していただける内容です。

私の目標は「住む人が幸せになる家を1軒でも多くつくる」ことですが、ひいては日本中の人が元気で健康になり、膨らむ一方の医療費を削減することでもあります。

今、日本の医療費は年間40兆円を突破していますが、パッシブデザインの家が日本に広まれば、医療費を年間10兆円削減することも不可能ではないでしょう。

住宅業に携わるひとりとして、ぜひ、素晴らしいパッシブデザインの家を日本中に広めたいと思い、本書を執筆しました。

この本が皆様の快適な家づくりのお役に立てば幸いです。

高垣　吾朗

「夢を叶える家づくり」目次

第2章 省エネ住宅は「パッシブデザイン」で叶える
～こんなにある「断熱」「気密」のメリット

第3章 夏は涼しく、冬に暖かい家の秘密
～一年中Tシャツ1枚で過ごせる家をデザインする

第4章 自然の力で年中、風通しも日当たりもいい、家づくりのコツ
~間取りの工夫からリフォームの注意点、業者選びまで

COST DOWN
OFF

COLUMN

本文イラスト　富永三紗子
本文デザイン　浦郷和美
本文ＤＴＰ　森の印刷屋
出版プロデュース　株式会社天才工場　吉田浩
編集協力　早川愛

PASSIVE DESIGN

第1章

本当に快適な家を知っていますか？

～2020年省エネ住宅づくりが義務化！
建てる前に、リフォームする前に押さえておくべきこと

愛媛県松山市 「換気上手なキノコ屋根の家」

PASSIVE DESIGN

サザエさんの家は超寒かった⁉

ヨーロッパには石造りの建物が多く、その街並みを見渡すと、築何百年という歴史ある古い家ばかりです。一方、日本は「紙と木の文化」といわれるように、家そのものが木造であることが多く、ふすまや障子などはすべて紙と木でできています。紙と木でできた家は「断熱」効果に乏しいため、家の外と中の気温差があまり大きくありません。ヨーロッパの家と比べると、冬は寒くて当然なのです。

しかも、昔の日本には部屋全体を暖めるという発想はなく、火鉢やこたつなどで部分的に暖かい場所をつくっては家族がそこに集まり、暖をとっていました。

なぜ、部屋全体を暖めるという発想がなかったのでしょうか。それは、日本の家屋では部屋を暖めても、その暖かい空気を室内にとどめておくことが難しいからです。

45年以上も続いている国民的アニメ番組『サザエさん』の家が、その典型です。木造の平屋で引き戸が多く、人が移動するたびに戸が開け閉めされて、風がピューピューと吹き抜けます。

サザエさんの家は借家のようですから、リフォームしたくても簡単にはできないでしょう。このままでは、波平さんやフネさんがいつか〝ヒートショック〟で命の危機にさらされるのではないかと心配です。

仮に、サザエさんの家の各部屋にエアコンをつけたとしたら、どうなるでしょう。エアコンによる暖房効果はたしかにありますが、あの家は隙間風が入るため、暖かい空気がどんどん拡散してしまい、なかなか暖まりません。

「サザエさんの家にエアコンを導入し、ヒートショック対策で家中を21度に維持すると、ひと冬の暖房費が軽く30万円を超える」

というのが私の試算です。

これはアニメの話でフィクションですが、冒頭でお伝えしたように現実の世界でも、日本の多くの家がサザエさんの家と同様、光熱費が非常にかかる造作になっています。

寒いうえにエアコンがなかなか効かず、光熱費がかさんでしまうというのが、日本家屋の特徴なのです。

PASSIVE DESIGN

不思議なニオイと気密性の関係

よそのお宅へ招かれたとき、最初に感じるのはその家の臭《にお》いではないでしょうか。何ともいいがたい変な臭いがした、異臭を感じてしまったということもあるかもしれません。

「焼肉でもないし、おならの臭いでもないし、これは一体何の臭いだろう?」

あなたもきっと、そんな経験をされたことがあるでしょう。

これは、日常生活から発生したさまざまな臭いが混じり合ってできた、その家独特の臭いです。

人間の鼻は、ある一定の臭いを嗅ぎ続けると慣れてしまって、それを異臭と感じなくなります。ところが、外から来た人にとっては、その臭いは未経験のものなので、「くさい」と感じてしまうのです。

特に強烈なのは、ペットを飼っている家の臭いです。犬や猫だけでなく、鳥なども独特の臭いがしますすし、熱帯魚や淡水魚を飼っている家では生ぐさい臭いが漂ってくることがあります。よほど不潔にしている場合は別として、そうした異臭がこもるのは、実は家の「気密性」が不充分であることが原因なのです。

「え？　気密性が高いと、逆に臭いがこもりやすいのでは？」と思われるかもしれません。

気密性が低い家は、どこからともなく常に隙間風が吹いている状態にあるにもかかわらず、換気量が不足しやすいため、部屋の空気を一新することができません。

すると当然、生活から出るさまざまな臭いや湿気がこもりがちになります。そして、次第にイヤな臭いが家にこびりついてしまうのです。

換気というと、窓や扉を開け閉めするイメージがあると思いますが、**特に何もしなくても換気がなされる場合があり、これを「自然換気」**と呼びます。

自然換気は、屋外の風による圧力差や、室内の温度差によって生じます。雨の日や梅雨のじめじめした季節には、ほとんど自然換気は起こりません。窓を開け閉めして換気しない限り、部屋の中の空気はまったく入れ替わらない状態が続きます。そうなると結露が起こって、カビや腐敗が発生しやすくなります。

住宅の「換気」に関して、日本では成り行き任せのようにつくられているのが現状です。

せっかく新しい家を建てたり、リフォームしたにもかかわらず、「あなたの家、何だかくさい……」なんて言われるのは、絶対に回避したいと思いませんか。

気密性や換気に配慮したつくりにすれば、それも難しくありません。

PASSIVE DESIGN

太陽の光を入れ過ぎた灼熱の家

ここで、多くの人が誤解している〝理想の家〟の事例をひとつ紹介しておきたいと思います。よくあるのが、「とにかく明るい家にしたい」からと窓のスペースを大きくとり、「軒《のき》」をほとんど付けないというケースです。

たしかに窓のスペースが大きければ明るくなりますが、明るくなればなるほど、どんどん暑くなる、と言ったらいかがでしょう。実際には、「真夏になると灼熱地獄のようになってしまうので、それだけは止《や》めましょう」とお伝えすることになります。これは光と熱の関係を考えていないためです。

もし真夏に部屋の窓際に立ったら、体感温度はどのくらいになると思いますか？

地域にもよりますが、夏でも涼しい地方でなければ、なんと40度以上になります。近くに1000Wの電気ストーブを置いたのと同じくらいの体感温度です。

それなのに、せっかく真夏の太陽の光を防ぐために付けた軒を「明るくしたいからとってください」という方もいます。

軒をしっかりつくって夏の太陽の光を防いだ場合と、そうでない場合とでは、室温にして実に5度以上も違うのです。軒がなければ、いくらカーテンやブラインドを窓際につけても冷房費は相当かかります。

夜になっても余熱で室温はあまり下がらないので、家にいる間じゅうエアコンをフル稼働しなくてはなりません。エネルギーの消費量はかなりのものになり、真夏の冷房費はどんどん増えていきます。

明るい家にしたい、だから窓を大きくして軒も付けたくないという気持ちはわかります。しかし、そのために異様に暑い家になってしまっては、快適に過ごすことができません。ともすると、「冬は寒いのに夏は暑い」という、非常に合理的でないつくりになってしまうのです。

そのような家を見かけるたびに、私はとても心配になります。

PASSIVE DESIGN

快適な家をつくるための基本事項

ここまでに挙げてきたような日本の家にありがちな問題は、私自身が過去、住んできた一戸建や賃貸マンションにもありました。どれもが〝不健康住宅〟でした。

「なんでうちはこんなに寒いのだろう？」

「どうしたら、快適な家になるのだろう」

社会人になり数年が経ち、そろそろ自分の家を建てたいと思ったとき、私はこの疑問を解くべく研究を始めました。研究には、特に大学、大学院で学んだ熱力学や流体力学関連の知識が役立ちました。快適な家のしくみは容易に理解でき、そして必然的に、「いかに自然を上手に利用するか」ということにつながっていきました。

そこでわかったポイントをまとめると、大きく分けて次の３つになります。

- 断熱性、気密性を上げる
- 夏の太陽の光はしっかり防いで、冬の太陽の光は取り入れる
- 風通しが良くなるように窓の設計をする

そのほかにも大事な要素はありますが、基本となるのはこの3つです。**なかでも重要なのが、「断熱性」と「気密性」**です。

断熱性や気密性を高めるというと、「冬は暖かくなっていいかもしれないけれど、逆に夏は暑くなるのでは」と思う方がいらっしゃるかもしれません。

たしかにそれだけでは暑くなるのですが、夏の太陽の光ができるだけ入らないようにする、風の通りを良くする、窓を工夫するなどの対策を同時に行えばいいのです。それは計算で確かめることもできましたし、実際に住宅をつくることで確認することもできました。

こうした考え方で家をつくること、設計手法・設計要素こそが**パッシブデザイン**でした。パッシブデザイン自体は海外発祥で、私が考案したものではありませんが、理想の家を求めて研究した結果と根本的なところで一致していたのは確かです。

「はじめに」でも書きましたが、パッシブデザインの「パッシブ」は「アクティブ」の反対で、「受動的」という意味をもちます。つまり、自然の力をできるだけ〝受ける〟、利用するというのが、パッシブデザインのベースにある考え方です。

PASSIVE DESIGN

これまでの基準は努力目標にすぎなかった

マイホームを実際に建てるにあたって、私はいくつかの住宅会社を回り、自分の考える理想の家についての話をしてみました。研究の成果をもとに、「断熱についてはこうしたほうがいいのでは？」「このような材料を使えないだろうか」などと伝えてみたところ、返ってきた答えは次のようなものでした。

「高垣さん、それはまあ置いといて……」

住宅会社の営業マンは皆、口を揃えて同じことを言いました。

これでは、いくら理想の家のしくみがわかっていても、実際につくることはできません。家づくりの現場の人たちが知らないのですから、当時は住宅の仕事をしていなかった私がいくら説明してもわかってもらえないのは、仕方がないことでした。

その後、快適な家づくりへの思いが高じ、私は住宅会社で仕事をする道を選んだのですが、そこで初めて、愕然とするような事実と向き合うこととなりました。日本の住宅の断熱性や気密性のレベルは、世界の先進国の中で断トツに低いことがわかったのです。

断熱性（省エネ性）に関して、4つの等級に分かれた基準は存在するものの、一部の大手ハウスメーカーを除き、それを守らなくても何ら罰則はなく、基準は「できればそうしてほしい」という〝努力目標〟にすぎないということも知りました。

家を建てようとする人の大半は、夏も冬も快適に過ごせるかといったことよりも、使い勝手の良さやデザイン性を優先に考えます。住宅会社はお客様のニーズに合わせ、そこに重点を置いて設計し、家をつくります。

実際、私の勤める会社には「ちょっとカッコいい家を、より安く」というキャッチフレーズがありました。家を買いたい、つくりたいお客様の多くは30代の若い夫婦です。その人たちをターゲットにした場合、このようなキャッチフレーズが出てくるのも頷《うなず》けます。

しかしそこには、「快適さ」に関する要素は何も入っていません。

私は社内、社外を問わず、ことあるごとにパッシブデザインの家について説明してまわりました。その効果は少しずつ浸透し、やがて私の考える理想の家の理論が反映された住宅が、いかに快適かを実際に確かめられたことで、より信頼を得ることもできるようになりました。

社内には、高いデザイン性を確保しながら、快適さも同時に達成する高度な技術をルール化する人も出てきました。住み心地の良さとデザイン性は、技術次第で両立させることが可能なのです。

入社してから3年経ったところで、キャッチフレーズは「住みやすくてちょっとカッコいい家を、より安く」に変わりました。家をつくるうえで快適さを考えることの重要性を、会社として表に出す体制ができあがったのです。

パッシブデザインの家は見えないところに多くのポイントがあるので、しばらく住んでみないと心地良さがなかなかわかりません。そのため、購入者はそこにあまり注目せず、家をつくって販売する住宅会社も力を入れにくいという現実があります。

国土交通省が中小のハウスメーカーに対しては断熱の基準を〝努力目標〟にしているのも、それを義務化したために住宅の売り上げが落ちては困るからです。住宅産業が活況でなければ、経済は落ち込みます。それを恐れているために、規制を強くすることに躊躇しているのです。

家づくりに携わる現場の人たちがパッシブデザインを知らない、つくろうとしない原因は、ここにあるといえるでしょう。

しかし、その流れは少しずつ変わりつつあります。エネルギーの問題が浮上してきたからです。家庭で消費されるエネルギーの量は、トータルで見てみると決して少なくありません。

それが減れば、国のエネルギー消費量だけでなく、CO_2排出量を少なくすることもできます。地球の温暖化を食い止めるために、そして家を建てようとしている人にとっては家の資産価値を下げないためにも、エネルギーの消費に無関心ではいられません。

経済産業省からの働きかけにより、**２０２０年には、今まで努力目標だった規制が義務化され、国が定めた省エネ基準をクリアしない家はつくれなくなります。**すべての新築住宅が、省エネ基準を義務化されることとなるのです。

PASSIVE DESIGN

パッシブデザインが必要な時代が迫っている

日本の住宅の省エネ基準は1980年に制定されたのち、何度かの改正を経て、段階的に高断熱化・高気密化が図られてきました。2020年に義務化される基準のベースとなるのは、「平成25年省エネルギー基準」です。

これから家を建てるにあたってポイントとなる点をおさえておきましょう。

「一次エネルギー消費量」の導入

一次エネルギー消費量とは、省エネ法で建築設備として認められている設備が消費するエネルギーのことです。以前は建物の断熱性のみを評価していましたが、平成25年基準より、この一次エネルギーの消費量が判断材料として加わり、「建物全体」の

国が推進する住まいの省エネ化 工程表

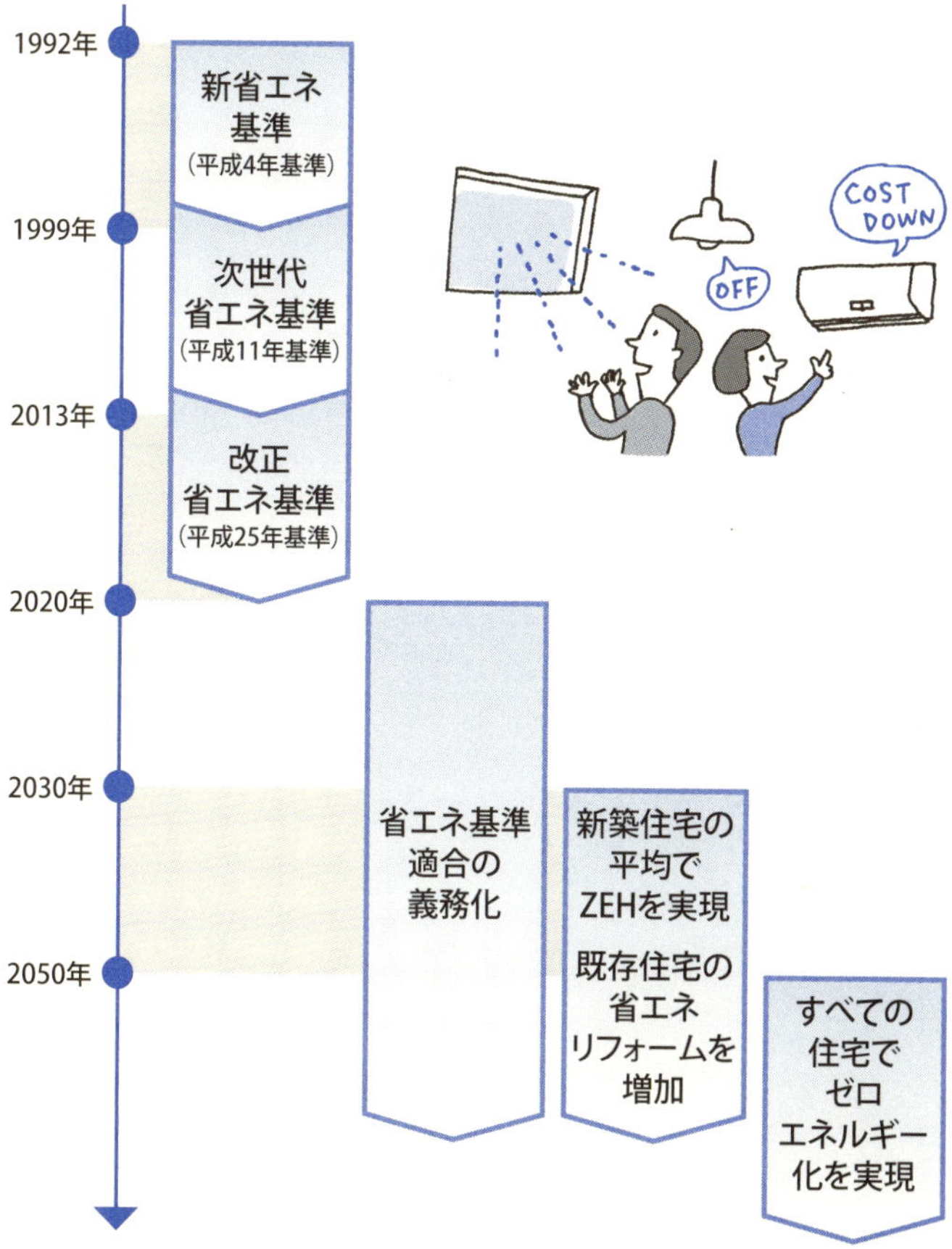

出典：「低炭素社会に向けた住まいと住まい方」の推進方策について（経済産業省　国土交通省　環境省 平成24年7月）より作成

省エネルギー性を評価する方式へと変わりました。

要は、**家のつくりだけでなく、家の中で使う設備が省エネタイプかどうかも基準のクリアにかかわるようになった**ということです。

具体的には、**「冷暖房」「換気」「照明」「給湯」**でそれぞれ一定以上の省エネルギー性能の機器を使っているかどうかが、判定要素に組み込まれるようになりました。

また、これは省エネ法の建築設備ではありませんが、太陽光発電などの設置による自家消費については、積極的に評価するとしています。

「一次エネルギー」とは、専門的にいうと原子力燃料、化石燃料、水力や太陽など自然から得られるエネルギーのことです。これらを変換または加工して得られるエネルギー、具体的には電気を「二次エネルギー」といいます。

建築物では二次エネルギーである電気が多く使われていて、それぞれの単位が異なるのですが、それを一次エネルギー消費量に換算することで、建築物の総エネルギー消費量を同じ単位で求めることが可能になります。

一次エネルギー消費量の評価は等級1～5に分けられ、２０２０年以降はすべての新築住宅が等級4をクリアする必要があります。

新築エコ住宅の省エネ基準

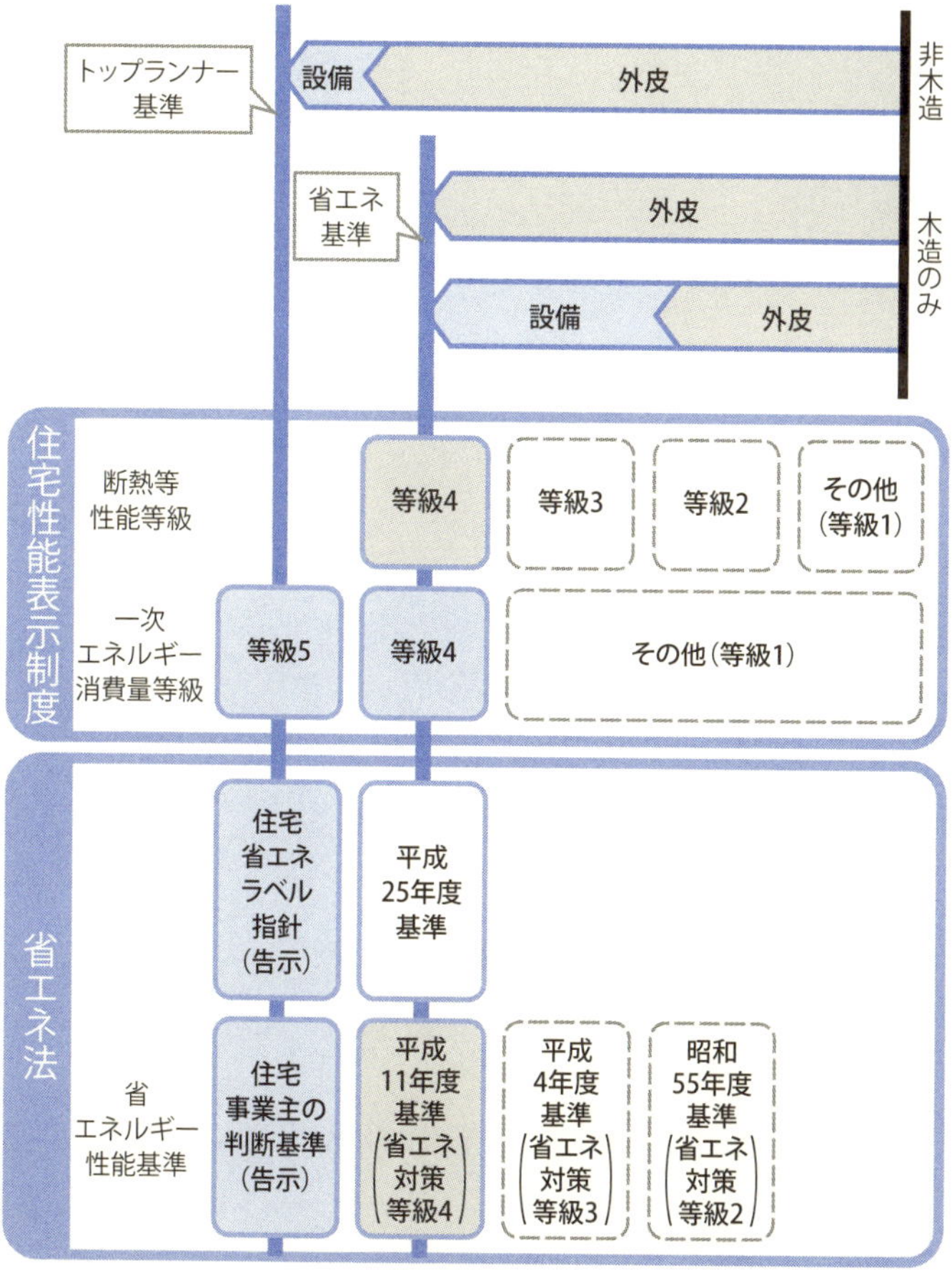

出典：「省エネ住宅ポイント」（国土交通省）より作成

ここでは細かい数字や計算式は割愛しましたが、お知りになりたい方は「住宅事業建築主の判断基準」というウェブサイトで確認されるといいでしょう。一次エネルギー消費量や基準達成率を算定するための支援ツールが用意されています。

厳しくなる「断熱性能」に関する基準

平成25年基準から、住宅（建物自体）の断熱性能の指標も変更になりました。

以前は、「熱損失量」（熱の逃げやすさを表す値）によって、必要となるエネルギー量を評価していました。それが、「外皮」と呼ばれる建物の外側部分（屋根や天井、外壁、床、窓など、家の要素のうち、外気と触れ室内との境界になるものすべてを指します）の断熱性を評価するものへと変わっています。

具体的には、平成11年基準では「Q値＝熱損失係数」（床面積あたりの熱損失量）と「μ値＝夏期日射取得係数」（床面積あたりの日射熱取得量）を指標としていました。この指標だと、住宅の大きさや形状によって誤差が生じやすいという問題がありました。

熱性能基準の変更

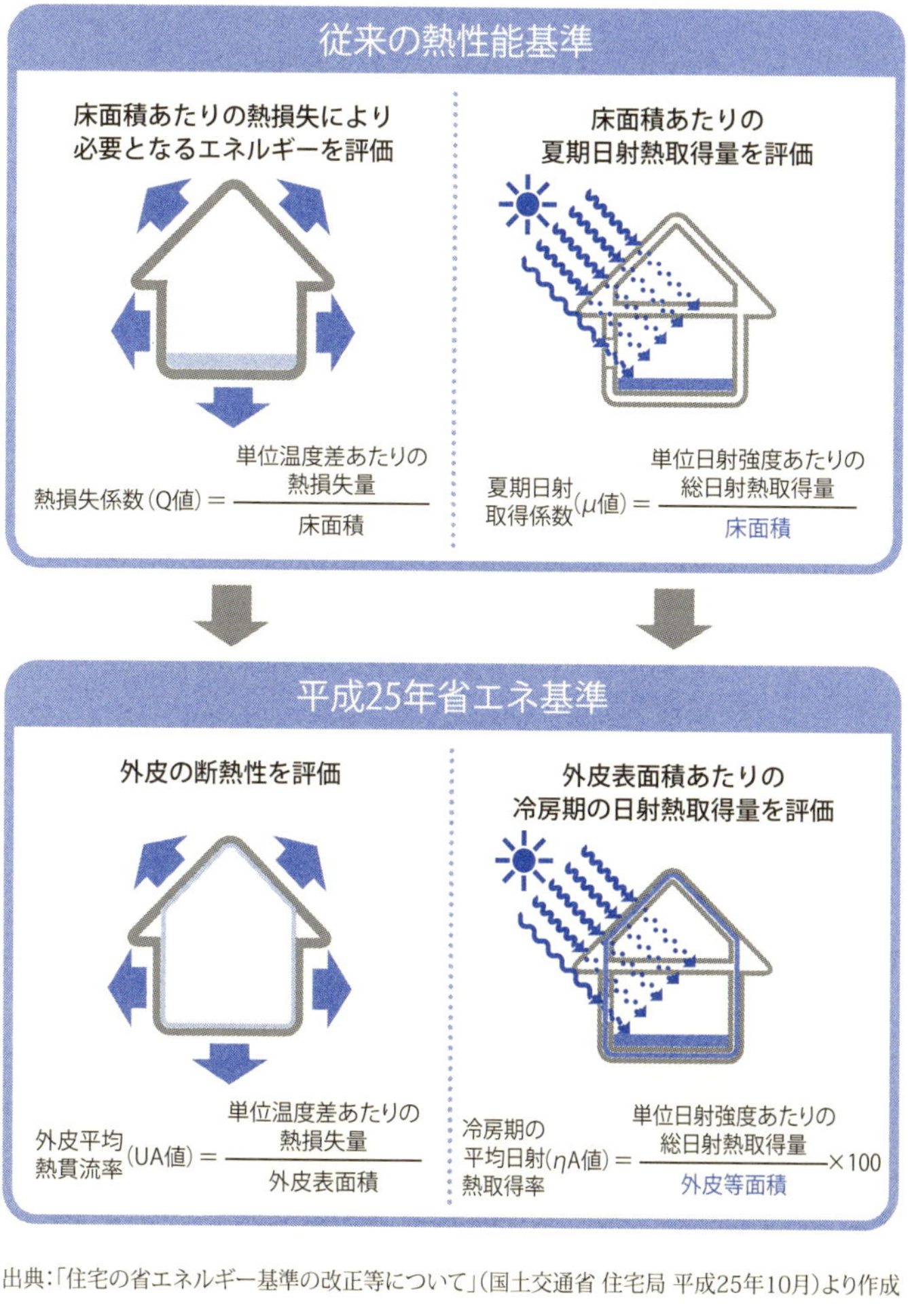

出典：「住宅の省エネルギー基準の改正等について」（国土交通省 住宅局 平成25年10月）より作成

そこで、これを平成25年基準では、「UA値＝外皮平均熱貫流率（外皮表面積あたりの熱損失量）」と「ηA値＝冷房期の平均日射熱取得率（外皮表面積あたりの日射熱取得量）」に変えています。

これに伴い、断熱性のレベルは、かつて「省エネルギー対策等級」で示されていたのが、「断熱等性能等級」へと変更になりました。平成11年基準で定められた最高レベルの「省エネルギー対策等級」4は、平成25年基準では、外皮の性能指標を一部変更した「断熱等性能等級」4に再定義されています。

先にもお伝えしたように、かつてこの等級（省エネルギー対策等級）は〝努力基準〟であって、義務化はされていませんでした。しかし、2020年には「断熱等性能等級」4が義務化されます。

なお、年間150棟以上の「建売戸建住宅」を新築・販売をしている事業者に対しては、平成25年基準の等級4をも上回る厳しい基準（いわゆる「**トップランナー基準**」）がすでに義務化されています。

地域区分の変更

地域によって気候は異なり、冷暖房などにかかるエネルギー量にも差があるため、住宅の省エネ性を割り出すにあたり、国は地域別の判断基準を定めています。

平成25年基準からは、評価要素として「一次エネルギー消費量」が加わったことに伴い、気象条件に見合った適切な評価をするため、これまで全国を６地域に区分していたのが、８つに細分化されました。

「低炭素住宅」基準の役割

２０１２年12月に施行された「都市の低炭素化の促進に関する法律（エコまち法）」により、「低炭素住宅」が導入されました。エコまち法は、東日本大震災をきっかけとし、特に多くのCO_2が排出される地域での低炭素化をうながすために制定された制度です。

一次エネルギー消費量が省エネ基準よりもマイナス10％以上になっている、省エネ基準と同等以上の断熱性能が確保されているといった要件をすべて満たすと、低炭素住宅として認定され、税制やローン金利の優遇措置を受けることができます。

現時点で設けられている「認定低炭素住宅」は、義務基準を上回る基準として2020年以降も継続され、より高い省エネ性能を持つ住宅を優遇するためのしくみとして維持されます。

住宅の資産価値を評価できる環境へ

これまで中古の戸建て住宅は、「築年数」や「立地」が評価の主なポイントとなっていました。取引市場には、建物の価値は経過年数によって一律で下がり、建築後20~25年程度で市場価値はほぼゼロとみなすという慣行があり、これは問題視されていました。

そうした状況を受けて、国土交通省は平成26年に「中古戸建て住宅に係る建物評価の改善に向けた指針」を示しました。この指針で打ち出された評価方法が定着するよう、関係機関に働きかけていくとしています。

気象条件によって分けられた８つの区分

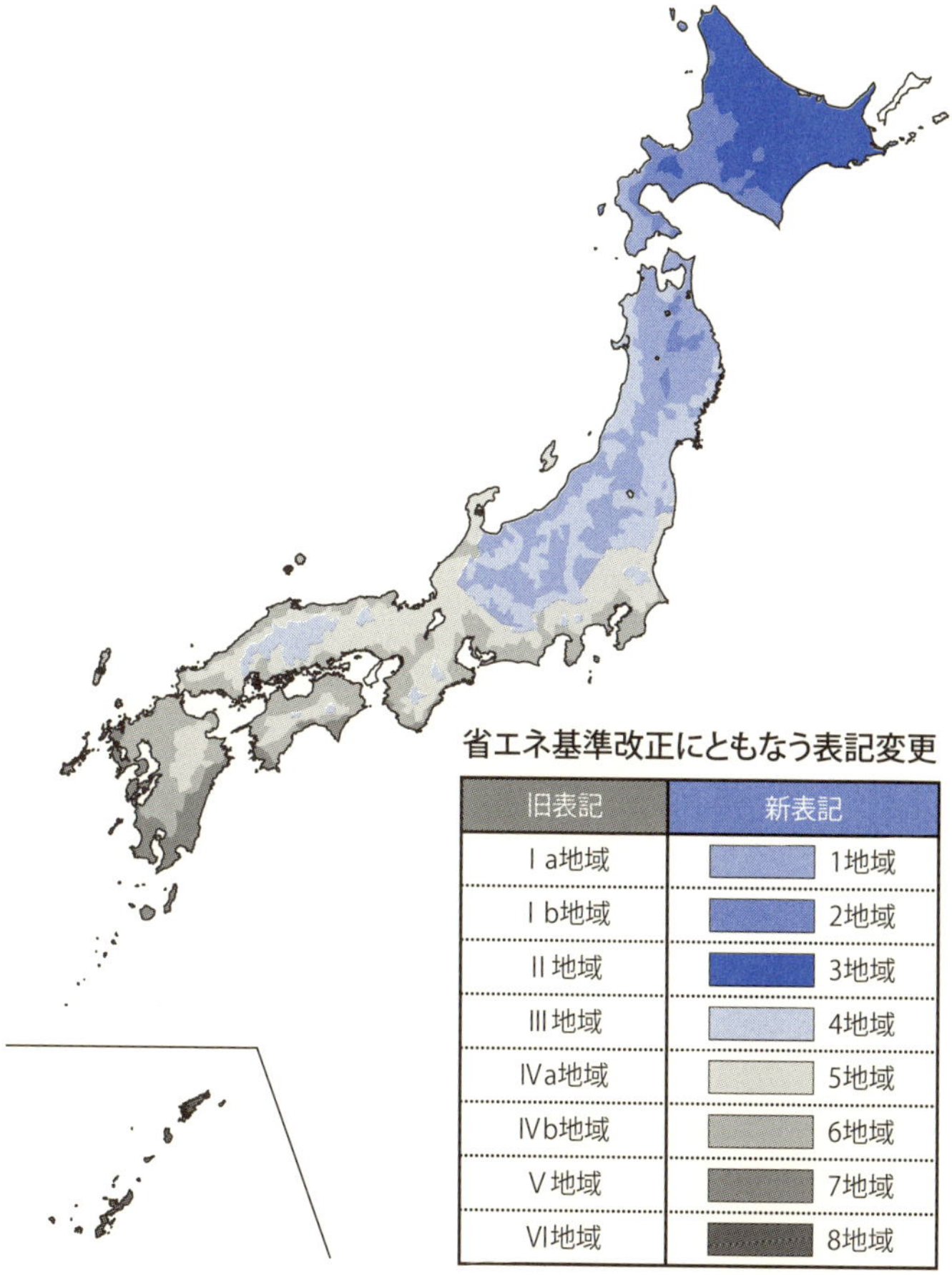

省エネ基準改正にともなう表記変更

旧表記	新表記
Ⅰa地域	1地域
Ⅰb地域	2地域
Ⅱ地域	3地域
Ⅲ地域	4地域
Ⅳa地域	5地域
Ⅳb地域	6地域
Ⅴ地域	7地域
Ⅵ地域	8地域

出典：「住宅事業建築主の判断基準における地域区分」（（財）建築環境・省エネルギー機構）より作成

今後は、新築時の劣化対策や断熱性能に対する評価基準だけでなく、「リフォーム」による機能向上、「劣化の補修」等も評価対象として加えられることになります。これは、手入れをしながら住み続けることができる住宅について、より長い期間、高い資産価値が認められる環境を整えることを目的にしたもので、国土交通省が評価指針をまとめ、公開しています。

これについては国土交通省のホームページでも見ることができます。

PASSIVE DESIGN

２０３０年には、さらなる高基準に！

省エネ基準（平成25年基準）は２０２０年までに義務化されますが、２０３０年には、トップランナー基準のさらに上をいくものが義務化される見通しです。国は低炭素社会に向けて「ネット・ゼロ・エネルギー・ハウス（ＺＥＨ）」を掲げ、これを２０２０年までに標準的な住宅にし、２０３０年までに新築住宅の平均でＺＥＨを達成するという目標を定めています。

ＺＥＨとは、「消費エネルギーがゼロまたはおおむねゼロになる住宅」のことです。ただし中に生活する人間がいる限り、エネルギーをまったく消費しないというのは現実的ではありません。消費したエネルギーを建物で発生させたエネルギーによって相殺することで、「ゼロ」を目指します。

大手ハウスメーカーは、２０２０年の時点で建てる家のほとんどをＺＥＨにする方針を打ち出しています。まだ準備のできていない住宅会社も当然ありますし、省エネに配慮した住宅設計が今では当たり前とは言い難いですが、かなり増えてきているのは事実です。実際、太陽光発電などは急激にその需要を伸ばしています。

このように、これからの住宅はますます省エネ基準が厳しくなり、断熱性能も高くないと許可が下りなくなっていきます。

自然の力を取り入れ、高い断熱性・気密性を基本とするパッシブデザインは、まさに新基準のコンセプトに合致した方法です。こうした点から、パッシブデザインが不可欠な時代がやってくると予測されます。

COLUMN

日本の家に見られる工夫❶
――中庭と屋根裏の秘密

木と紙でできた日本式の住宅は冬寒いとはいえ、快適に過ごすための工夫が随所に見られます。

例えば、中庭がそのひとつです。家の内側に庭を設けるのは風情があって、日本人の感性に合っているのだと思いますが、利点は単にそれだけではありません。中庭があることで風通しが良くなり、夏過ごしやすくなるというメリットがあります。

特に京都あたりでは長屋が多いからでしょうか、中庭のある家が多く見られます。「コ」の字型の家や「ロ」の字型の家がそれです。上空を通る風が空気を吸い上げる効果によって、夏の熱い空気が家の外へと逃げていきやすくなります。

中庭に小さな池や井戸を設けている場合もありますが、これも暑さ対策となります。水辺のまわりの冷やされた空気が家の中へと伝わって、室温が下がるからです。

中庭と同様に屋根裏も、夏を快適にする効果があります。屋根裏は小屋裏ともいいますが、いずれも家の屋根と部屋の天井の間に存在する空間のことです。現代では、小屋裏に独立したスペースを設けて、収納やロフトとして活用するケースも多くなっています。

小屋裏の存在がなぜ夏を快適にするのかを説明する前に、「熱の伝わり方」には3種類あることをお伝えしておきましょう。

・**伝導**……熱が直接伝わること

・**放射**……光などが当たって熱が伝わること
・**対流**……暖かくなった空気や冷たくなった空気が移動して熱が伝わること

この3種類の熱の伝わり方を上手にコントロールして、あるいは防ぐように工夫して、家がつくられていました。

小屋裏があると屋根と部屋の間に距離ができるので、放射熱と対流熱がコントロールされ、家の中の熱が逃げやすくなります。太陽の光のもたらす熱が天井に伝わって部屋に入ってしまうことを防ぐ、昔の人の知恵です。

茅葺き屋根や藁葺き屋根の家にも同じことがいえます。小屋裏がない代わりに部屋から屋根までの空間が広くなっていますが、その空間が広いほど熱は伝わりにくく、夏の暑さを和らげることができます。

逆に、冬には囲炉裏で焚いた熱がその空間にこもり、部屋を暖かくします。昔の家は今の家のようには仕切られていないので、家全体を暖める効果がありました。

また、囲炉裏で焚いて出た煤《すす》には、屋根裏の茅や藁が傷むのを防ぐ効果や防虫効果があります。まったく堅固には見えない日本式の家屋が、何百年もの間崩れずに残っているケースがいくつもあるのは、そうした工夫が生かされているからです。

PASSIVE DESIGN

第2章

省エネ住宅は「パッシブデザイン」で叶える

～こんなにある「断熱」「気密」のメリット

愛媛県今治市　「風が通り抜けるちょっと居酒屋な家」

PASSIVE DESIGN

震災で注目が高まった「断熱性能の高い家」

自然が持つ優れた点を最大限に取り入れるのが、パッシブデザインの家の特徴です。そのメリットについては簡単にお伝えしましたが、ここでもう少し詳しくご紹介したいと思います。

まずは、「住まいの寒さ」と「健康」の関係から見ていきましょう。

2011年に起きた東日本大震災は、私たちの記憶に鮮烈な印象を残しました。地震が起きたのは3月11日で、東北地方はまだ寒い時期でした。暖房が必要な季節だったにもかかわらず、突然ライフラインを断たれ、たくさんの方がエネルギーのない生活を強いられました。

復旧のめどがなかなか立たず、不便な暮らしは長く続きました。体調を崩してしまった人も少なくありませんでした。

そのとき注目されたのが、断熱性能の高い家です。これが東北地方にも行き渡っていれば、健康を害する人はもっと少なくて済んだのではないかと考えられます。断熱性能の高い家ならば、無暖房でも、部屋の温度を最低でも15～16度に保てるからです。

冬は夏に比べて亡くなる人が多いことが、データでも明らかにされています。近畿大学の岩前篤教授が発表した「冬の寒さと健康」に関する研究結果によると、**循環器系、呼吸器系、血管系、神経系のすべての死因で、冬場に死亡率が高くなる傾向がある**そうです。

その傾向が見られるのは病気だけではありません。事故も同様で、11月から2月頃にかけて家庭内の事故で亡くなる人が増加します。とくに転倒・窒息・溺死などによって亡くなる人の数が冬には多くなります。

それだけ、**寒さによるリスクは高い**ということです。家庭内で起きる事故の死亡者数は年間13000人で、実に交通事故による年間死亡者数の約2・6倍にものぼります。

しかし、北欧やカナダなど寒さが非常に厳しい国では、冬期の死亡率はその他の季節に比べて大きな差はありません。これは寒い冬を上手に乗り越えるノウハウがしっかり身に付いているからだと考えられますが、日本ではそのようなノウハウは浸透していません。

衣服の量を調節して体温を逃がさないようにするのも、ある程度は役立ちますが、それでは防げないこともあります。例えば、冷気を肺に吸い込むと、免疫力の低下を招きます。これは厚着をするだけでは対応できません。

「健康寿命」を考えるうえでも、冬の寒さへの対策は重要です。日本は世界的に見てトップクラスの寿命の長さを誇っていますが、そこには寝たきりの人や日常生活に支障がある人も含まれています。諸外国と比べて、日本にはそうした期間を長く過ごす高齢者が多く、近年、健康寿命という考え方が注目されるようになりました。

健康寿命とは、「誰からもサポートを受けずに自立して生活ができる期間」のことです。

2010年の厚生労働省の発表では、日本人の平均寿命は男性が79・55歳、女性が86・39歳であるのに対し、健康寿命は男性が70・42歳、女性が73・62歳になっています。このデータを基に、医学界に限らずさまざまな分野で健康寿命を延ばす取り組み

震災で注目が高まった「断熱性能の高い家」

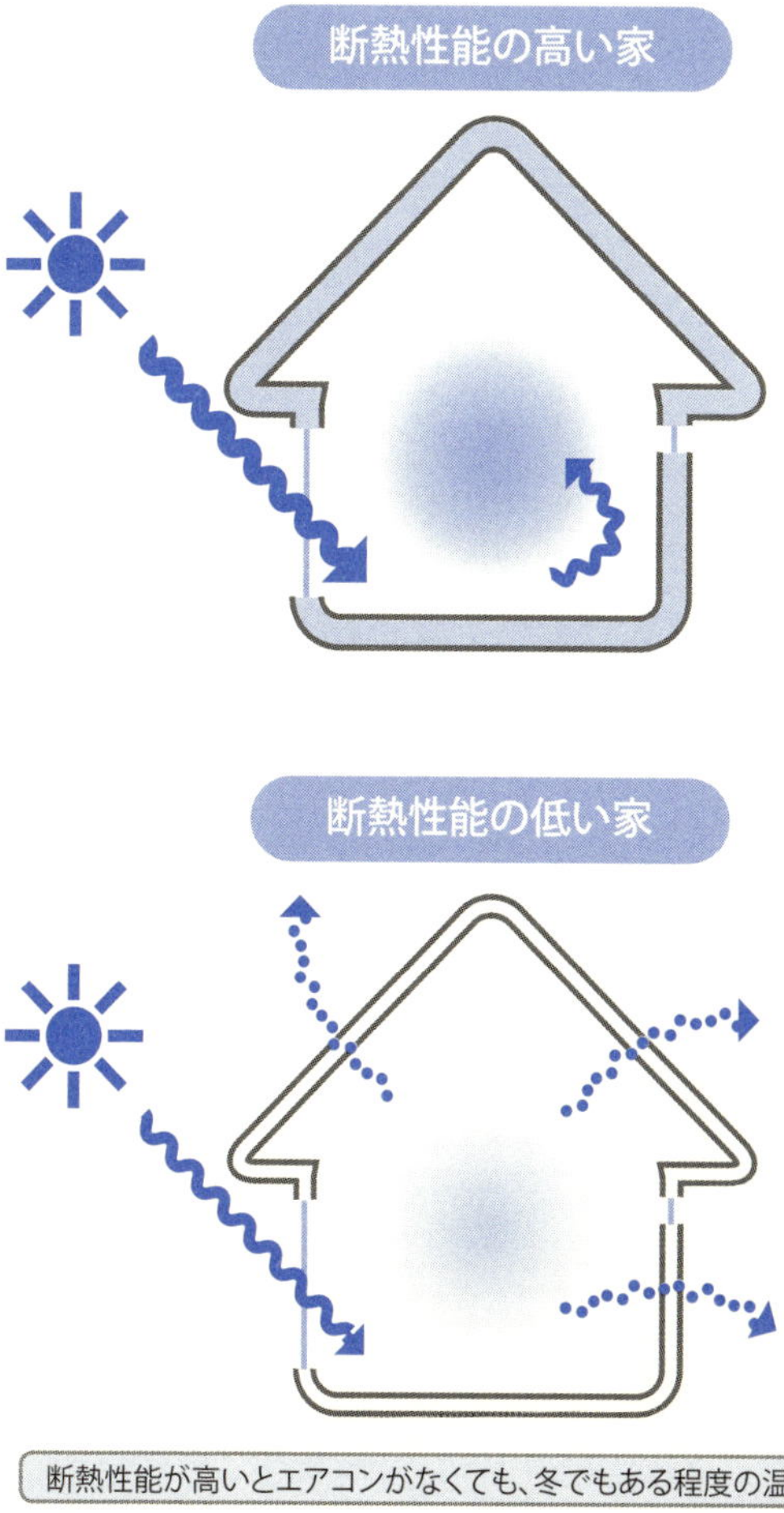

断熱性能が高いとエアコンがなくても、冬でもある程度の温度を保てる

が行われています。

サザエさんの家の話で少し触れましたが、高齢者にとって〝ヒートショック〟は脅威です。冬に暖房の効いた部屋と、寒い廊下や浴室（脱衣所・洗面所）、トイレなどとの気温差は、15度以上になります。さらに夜中や早朝、布団の中と冷えた部屋の温度の差は20度近くになります。こうした急激な気温差はヒートショックを引き起こし、脳卒中や心筋梗塞の原因になるといわれています。

寝るときには暖房を切るという人も多く、そうするとヒートショックは防げません。また、ひとつの部屋だけ暖房を効かせても、夜中にトイレに行ったり、寒い部屋に移ったりすれば気温差にさらされます。

これを防ぐには、室温を健康に害がない温度に保つことが必要です。24時間、暖房をつけておけば防げるかもしれませんが、それは現実的ではありません。

その方法に代わるのが、住まいの断熱効果を高めることです。冬暖かいパッシブデザインの家が、ヒートショックをはじめさまざまな病気や事故のリスクを減らしてくれることは、容易に推測できると思います。

季節によって変動する死亡原因

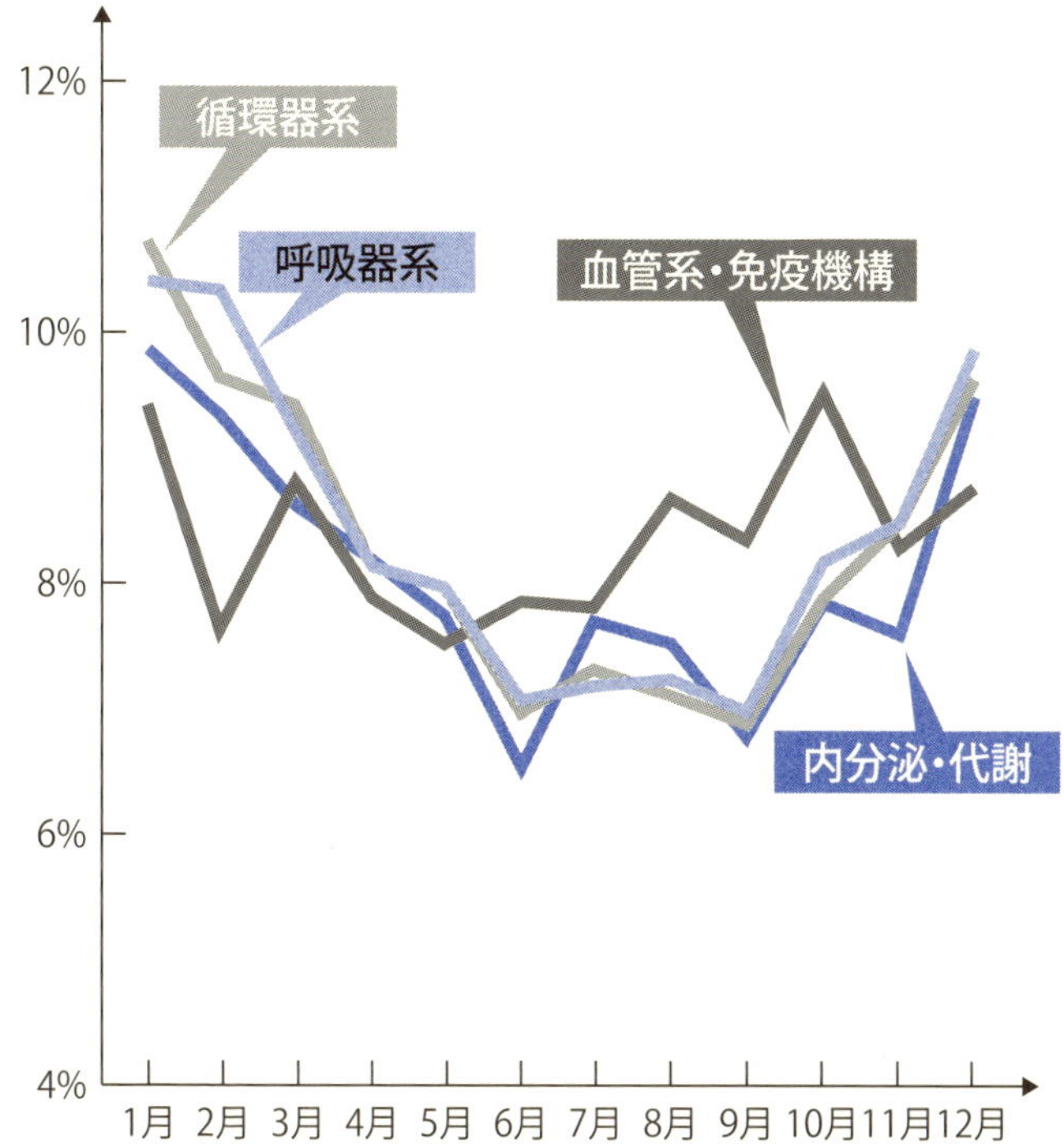

出典：断熱化の健康・快適効果「季節間変動の明らかな死因」（近畿大学理工学部建築学科
岩前篤教授）／岩前教授らが2万人以上を対象に行った独自調査

寒さのアレルギーに対する影響

家の断熱性能の高さと各種疾患との関係がわかる、55ページの表をご覧ください。新築の高断熱高気密住宅に引っ越した人に起きた、健康状態の変化が表されています。

このデータは、岩前教授らが2万人以上を対象に行った独自調査によるもので、回答者は30代~40代とその子どもたちです。

転居前の住宅のほとんどは古く、断熱性が非常に低い住宅で、断熱性能等級は1(無断熱)から2程度でした。新築住宅への引っ越し後は気管支ぜんそく、アトピー性皮膚炎、アレルギー性鼻炎などの諸症状に改善傾向が見られます。とくに等級のグレードが大幅にアップした4以上で、改善率が高いことがおわかりいただけるでしょうか。

アトピー性皮膚炎の場合、室温が保たれて身に付ける衣類が少なくなったために改善がうながされたと考えられます。せきやのどの痛み、冷え症などについては、断熱性能が高くなって部屋が暖かく保たれたために改善されたと思われます。

人の皮膚が衣類から受けるストレスは思った以上に大きく、肌への刺激が強い化学繊維やウール、ゴムを使った衣類をたくさん身に付けるほど、アトピー性皮膚炎になる可能性は高まるそうです。

それらの衣類を少なくするには、部屋の室温を快適な温度に保つことが重要です。高断熱高気密の住まいをつくることができれば、アトピー性皮膚炎の引き金となる衣類の刺激を少なくすることができるわけです。

岩前先生は高断熱高気密の家について、室温を保つこと以外にもうひとつ、健康にプラスになる要因を指摘されています。カビの発生を抑えるという点です。

カビにもいろいろな種類があり、発酵食品などは日本の文化に結びついて役に立っていますが、なかにはアレルギーや感染症などの原因となる有害なものもあります。

室内の空気が建材の化学物質などによって汚染され、健康に悪影響を及ぼす「シックハウス」症候群が、マスコミで取り上げられて話題となったことがありました。

化学物質はカビや細菌などの微生物によっても放出されており、放出された化合物がアレルギーなどの原因となって、健康を害する場合があることがわかっています。そうした物質は湿気の多い建物を好み、とくに結露がしやすいところなどに生息しているのが特徴です。古い建物に入ったときにカビ臭いと感じるのは、そのためです。**断熱をしっかり行い、室内の温度差をなくし、同時に換気もきちんと行えば、そうした有害なカビの発生を防ぐことができます。**

高断熱高気密住宅への引っ越しが病気やアレルギーの改善に役立つことは、多くの調査で立証されています。パッシブデザインの家は、イコール高断熱高気密の家です。個人の健康を守り、ＱＯＬ（クオリティー・オブ・ライフ）を高めるうえで重要な役割を果たすといえます。

各種疾患の改善率と断熱性能の関係

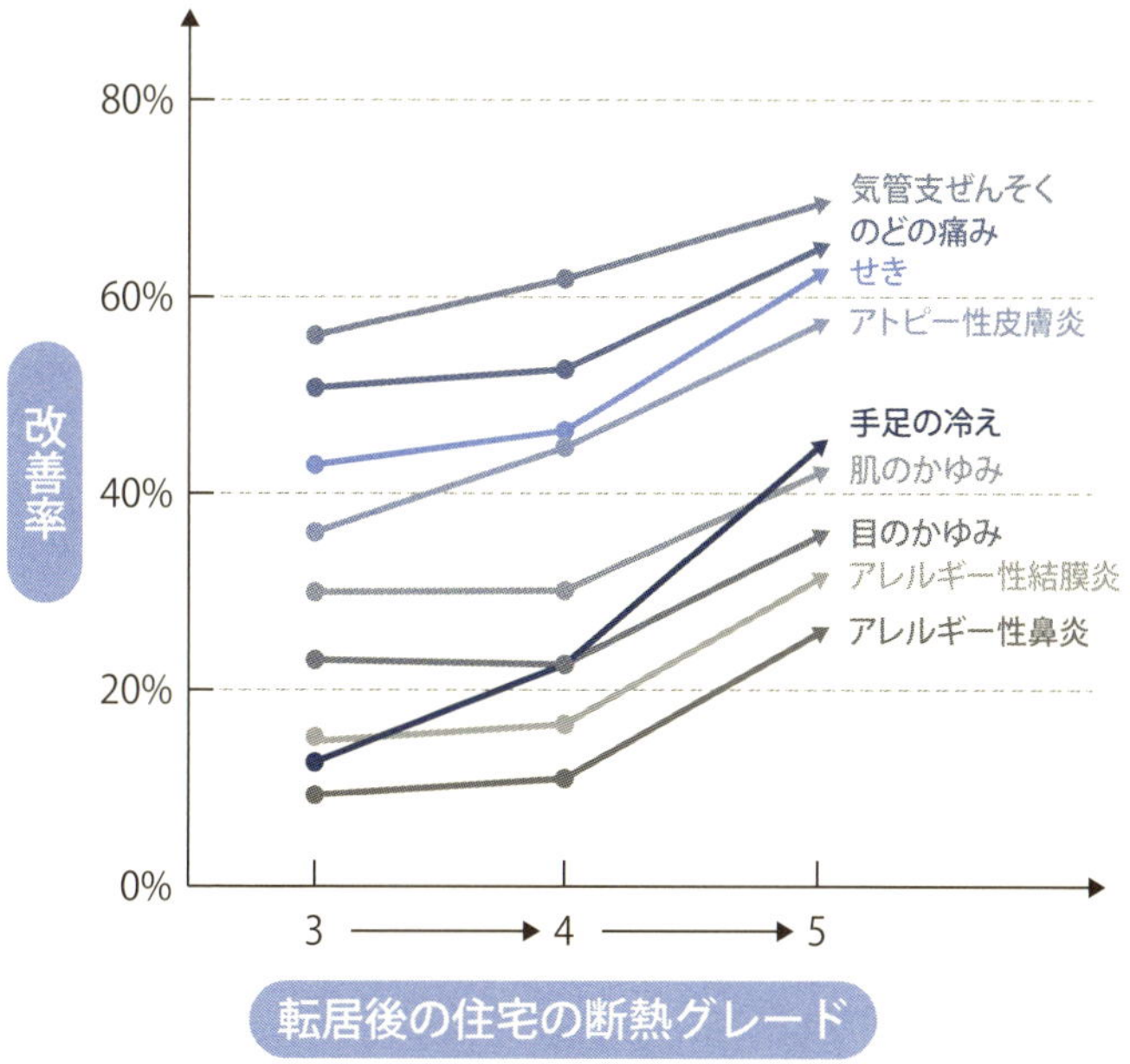

グレード3=Q値4.2（新省エネ基準レベル）、
グレード4=Q値2.7（次世代省エネ基準レベル）、グレード5=Q値1.9

$$改善率＝\frac{新しい住まいで症状が出なくなった人数}{以前の住まいで症状が出ていた人数}$$

出典：断熱化の健康・快適効果「第3次調査の結果：断熱化の健康改善率」（近畿大学理工学部建築学科 岩前篤教授）／岩前教授らが2万人以上を対象に行った独自調査

PASSIVE DESIGN

同じ気温でも体感温度はなぜ違う？

暖房のない部屋に入って、寒さのあまり〝ブルブルッ！〟とされた経験は、どなたにもあるでしょう。冬はそれが当たり前だと、日本人は思い込んできた節があります。その結果が冬の死亡率の高さにつながっていると言ったら、言い過ぎでしょうか。

ところがイギリスでは、住宅法の中で、性能の低い住宅には国が強制改修命令を出すと定めており、その評価のひとつに室温環境があるのです。ＨＨＳＲＳ（Housing Health and Safety Rating System）という「住宅における健康面と安全面のシステム」が存在し、健康被害を少なくするために保健省が指針を定めています。

残念ながら日本には、その指針で推奨されている室温を保てる住宅は多くありません。暖房をかなり効かせないと、この室温を保てない住宅ばかりです。

しかし高断熱高気密住宅であれば、問題なく達成できるのです。

イギリス保健省による冬期の室内温度指針

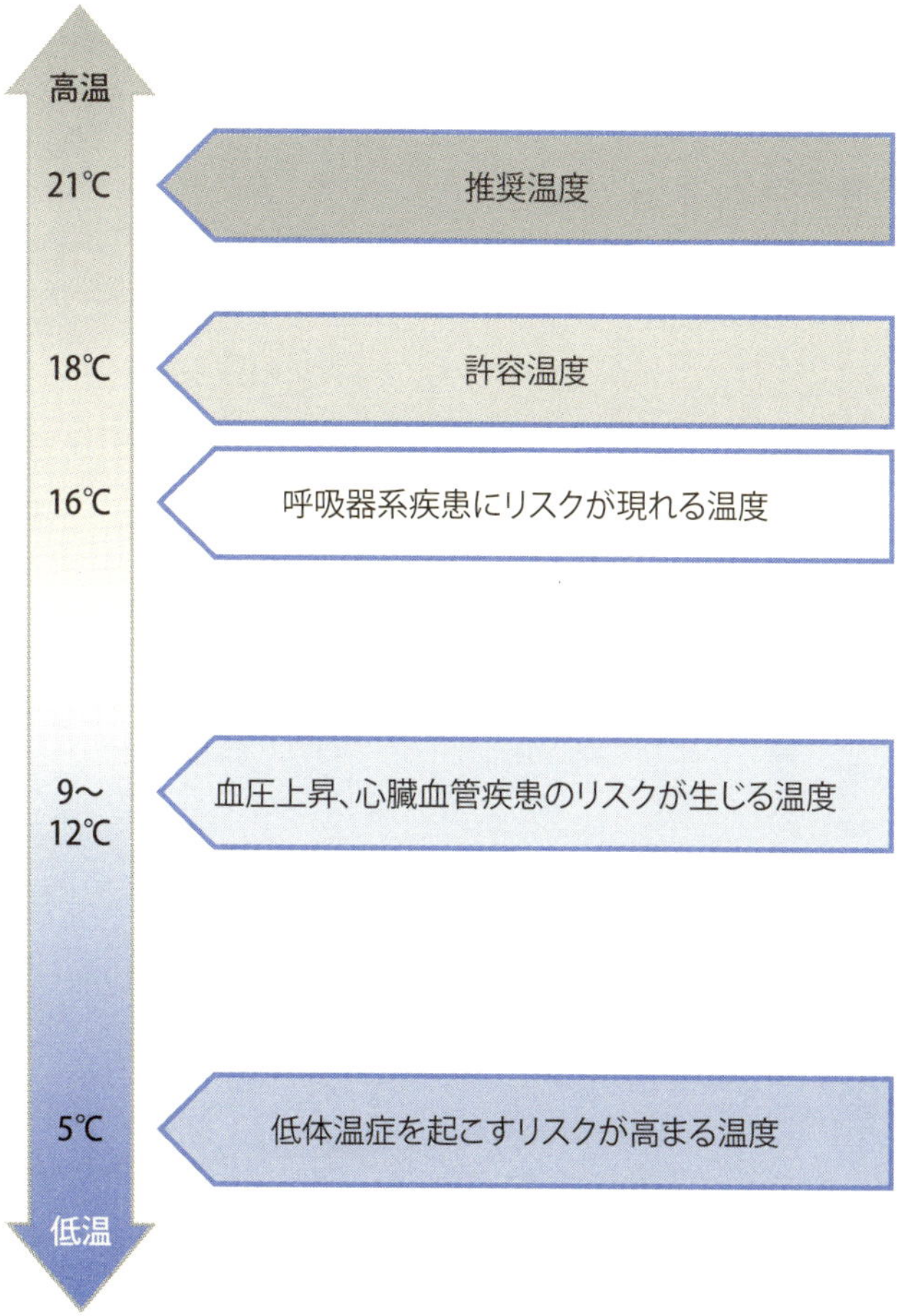

断熱性を示す指標に「Q値」があります。簡単にいえば〝熱の逃げやすさ〟を表す数値です。断熱性能が高いほど、Q値は低くなります。

Q値が1.0を下回る超高断熱な住宅であれば、無暖房でも健康な温度とされる21度を維持することが可能ですが、建築に必要な費用が大きくなってしまいます。Q値＝1.9のトップランナー基準を満たす程度の住宅性能であれば既存の建築方法を大きく変更することなく実現可能です。この場合、室温21度を維持するのに必要な暖房費は、月に1万円以下に抑えられます。

規制の存在は面倒な部分もありますが、一方で、規制があるために守られていることもあります。日本には冬期の室温に関する規制がありません。そのために家の断熱や気密がきちんとされていない面があります。家を建て、そこに住む側としては、規制がないからこそ室温に気を配らなくてはならないとも言えます。

また、室温と健康を考えるうえでは、**「体感温度の差」**についても知っておきたいところです。体感温度とは体が感じる温度のことですが、みなさんは同じ気温であれば体感温度はいつでも同じだと思っていませんか。

実はこれが、大きく違うのです。例えば、夏に感じる19度と冬に感じる19度は、同じでしょうか。確かに温度は同じですが、体が感じる温度には相当な開きがあります。夏の19度は、それこそ冷蔵庫に入ったくらい涼しく感じますが、冬の19度は逆に暖かく感じるはずです。この違いが、体感温度と呼ばれるものの正体です。

体感温度とは、おおまかにいえば、2つの温度が要因になっています。

（まわりの空気の温度＋壁の温度）÷2≒体感温度

つまり、自分のまわりにある空気の温度だけが関係するわけではないのです。そのため、冬に室温19度であっても、壁の温度が10度の場合、いわゆる断熱ができていない住宅内では、体感温度が14～15度になってしまいます。

暖房をつけて部屋を暖めても、断熱ができていない壁の温度は低いままです。体感温度が14～15度では、健康に害が及ぶリスクが高くなります。

私が愛媛から東京に夏に出てきたときにいつも思うのが、実際の気温以上に暑く感じるということです。これは、都会のコンクリートが熱を溜め込んでいて、体感温度

住宅の断熱性能による体感温度の違い

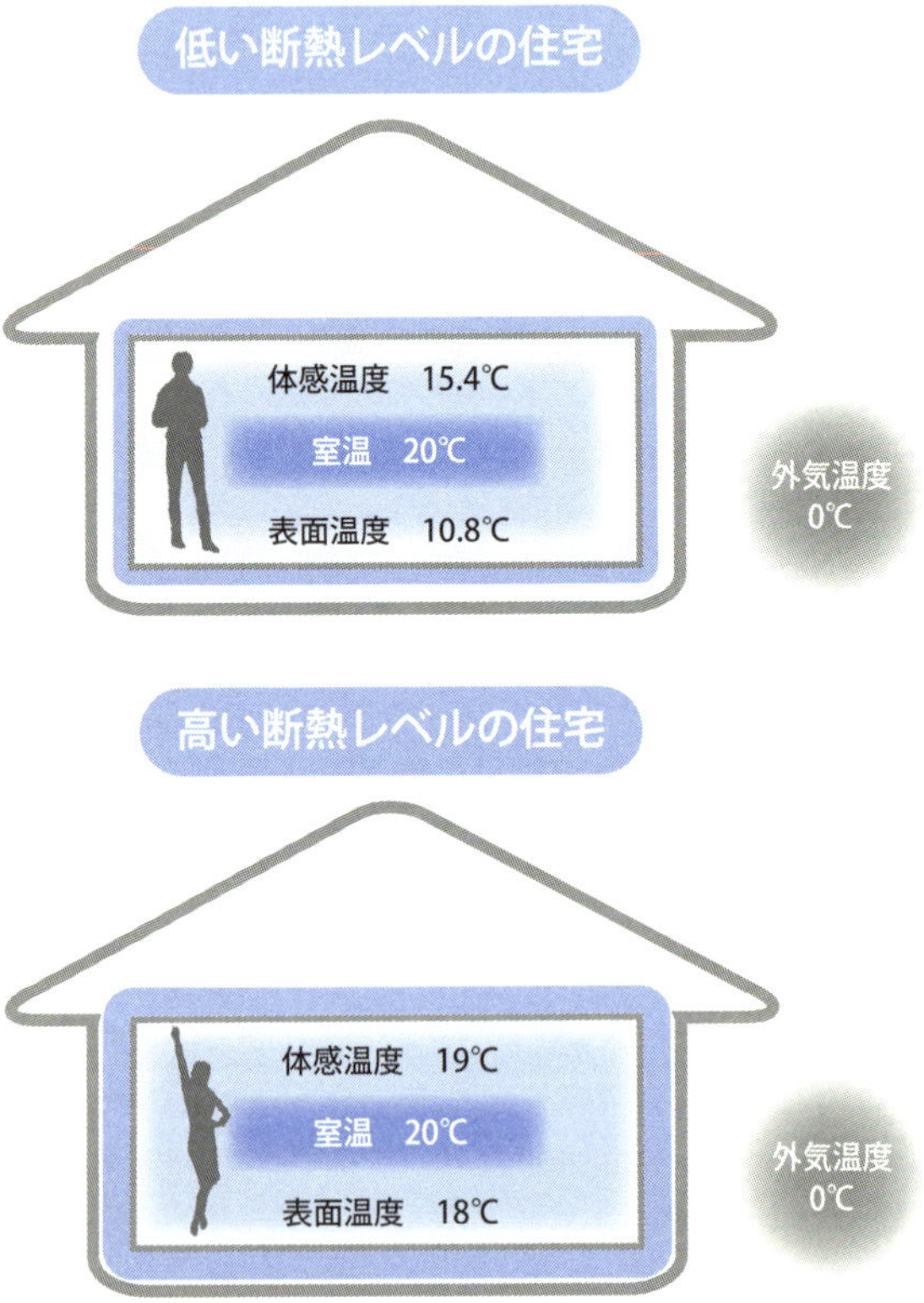

簡単な計算式　体感温度≒（表面温度＋室温）÷2

出典：『自立循環型住宅への設計ガイドライン』国土交通省国土技術政策総合研究所・独立行政法人建築研究所監修（財団法人 建築環境・省エネルギー機構）より作成

が高くなるからそう感じるのだと思います。

高断熱高気密の住まいをつくれば、壁と室温の差がなくなり、そのままの温度が体感温度になります。パッシブデザインの効果が最大限生かされている家をおすすめする理由は、ここにもあります。

PASSIVE DESIGN

自然の力を活かすから、省エネ&エコになる

日々、私たちは当たり前のようにさまざまなエネルギーを消費しています。しかし、地球にある資源は無尽蔵ではありません。

高度経済成長期を過ぎ、充分に豊かになった昨今では、エネルギーの枯渇に対する危機意識が強まり、できるだけエネルギーを使わない方法で暮らしていこうという風潮が高まっています。

この流れが加速してきたのが、東日本大震災以降です。私たちはエネルギーを消費することで快適な暮らしを送ってきましたが、未曽有の災害を体験し、いかに生きていくうえでエネルギーが貴重かを学びました。

その結果、資源を湯水のように使っていたら、いずれはなくなって、災害が起きたときと同じような状況になってしまうと理解されるようになりました。

国としてもさまざまな施策を行うようになり、「低炭素社会の実現」「持続可能な社会を目指す」といった目標を掲げて、省エネやCO_2の削減を推進しています。

省エネ住宅に関する施策もその一環です。省エネ機器の導入、再生可能なエネルギーの利用などを視野に入れつつ、補助金制度を設けたり、基準を義務化したりすることで、省エネ住宅の普及を目指しています。

CO_2の削減は省エネと裏表の関係にありますが、これは地球環境を守るうえでも必須の要件です。地球温暖化の元凶ともいわれるCO_2を減らすために、私たちはより一層の努力が必要です。

パッシブデザインは、自然の力を活かす工夫に溢れています。太陽や風といった自然の力をうまく取り込み、家の消費エネルギーを抑える設計技術・デザインです。光や風は、いくら使っても尽きる心配がありません。まさにパッシブデザインは省エネ・省資源に役立つ家づくりの方法だといえます。

PASSIVE DESIGN

家計に優しく、コストパフォーマンスも高い

快適で省エネな家の前提条件である「断熱性、気密性の高さ」が活かされているのが、パッシブデザインの家です。

例えば、床面積40坪程度の箱形で、**断熱気密性能が非常に高い家ならば、それこそ6畳用のエアコン1台で家全体をカバーできます**。もちろん、そのような家は実際にはなかなかありませんが、Q値の違いにより**冷暖房費に大きな差**が出ることがわかっています。

削減できる費用はエアコン代だけではありません。昼間の光を有効利用すること、すなわち「**昼光利用**」もパッシブデザインの要素のひとつです。**自然の光を室内に上手に取り込むことで部屋が明るくなり、照明をつける時間を少なくすることもできます**。

部屋に光が入らない場合、ほとんど一日中照明をつけなくてはなりませんが、遅い

時間まで部屋が明るければ、照明をつけ始める時間も遅くて済み、**照明代を数十パーセント節約**することが可能です。

67ページのグラフからもわかるように、家庭のエネルギー消費量のうち、暖房や照明の占める割合は高めです。地域ごとに差があるとはいえ、沖縄などかなり南の地域以外では、冷房よりも暖房によるエネルギー消費が圧倒的に多くなっています。

また、断熱性能や低炭素住宅の基準をクリアすることで得られるメリットもあります。住宅ローン控除における優遇、長期固定金利住宅ローン「フラット35S」の金利の適用（住宅ローン金利の優遇）、固定資産税の優遇などです。

さらに、省エネ基準を充分に満たす断熱気密性能を持った家は、今後、資産価値が高くなると考えられます。

ひと昔前ならば、多くの世代が同居して、ひとつの家に長く住み続けるのが普通でした。首都圏以外では、なおさらその傾向が強かったと思います。それが時代とともに核家族化が進み、継続してひとつの住宅に住むことは少なくなりました。

しかし、これからは核家族化が進んでも、資産価値の高い家は中古住宅としての需要が高くなるので、売りに出しては買い手がつき、住宅を取り壊して新しい家を建てることも少なくなります。

その点、パッシブデザインを適用した高断熱高気密の家は、コストパフォーマンスにすぐれており、注目に値します。

もちろん、居心地のよい家だから簡単には手放したくないということもあるでしょう。現代では、間取りの変更をしやすい設計方法も発達しているので、最初に建てるときにしっかり計画しておけば、ライフスタイルの変化にも対応が可能です。

例えば、夫婦2人が住むのであれば、部屋数を多くつくる必要はありませんが、広い部屋を2つに分けられるように設計しておけば、いずれ子どもが生まれ、その子どもたちが成長してからも問題なく住み続けられます。

逆に、その子どもたちがさらに成長して家を出て行ったときには、子どもたちが使っていた部屋をひとつにして暮らせばいいのです。家を売りに出すにしても、家族構成次第で両方の使い方ができるようにしておけば、より買い手がつきやすくなるでしょう。

家を壊して新しくつくることが減れば、費用の面でもエコの観点においても、メリットがあります。

家の断熱レベルと年間暖房費の比較

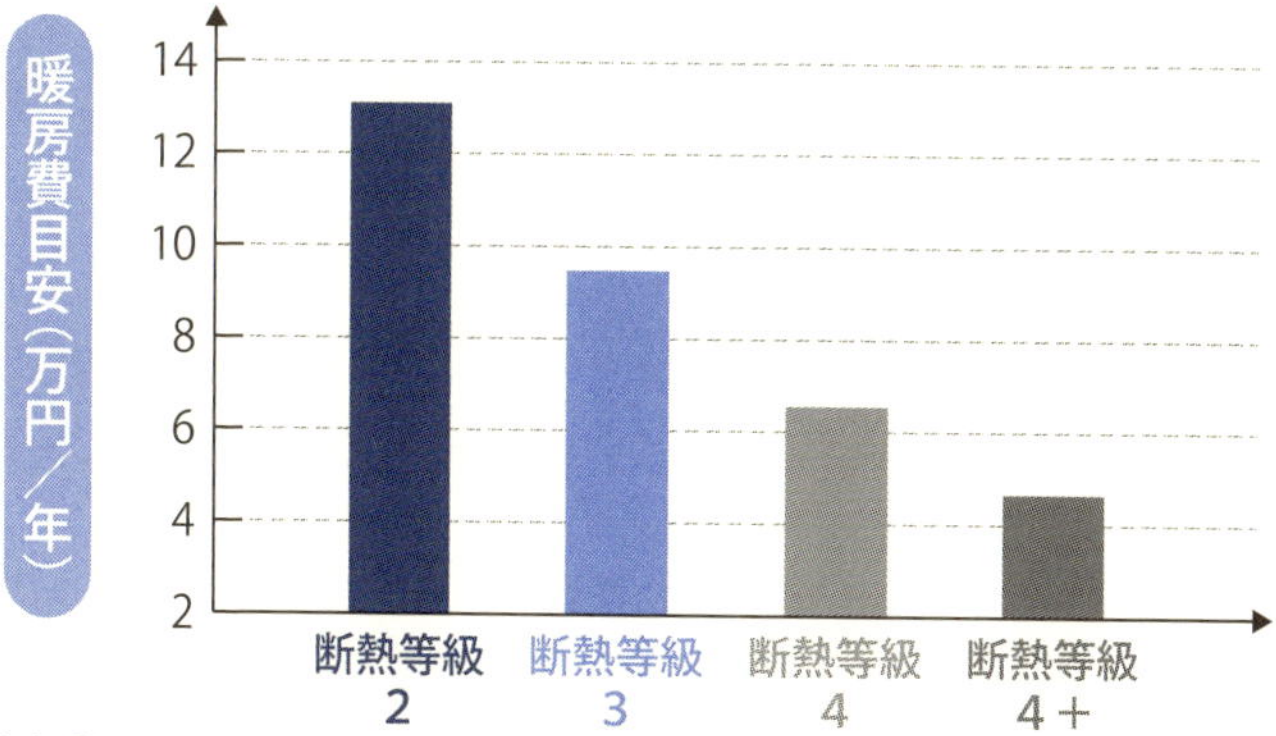

出典:『自立循環型住宅への設計ガイドライン』国土交通省国土技術政策総合研究所・独立行政法人建築研究所監修(財団法人 建築環境・省エネルギー機構)

用途別エネルギー消費の割合

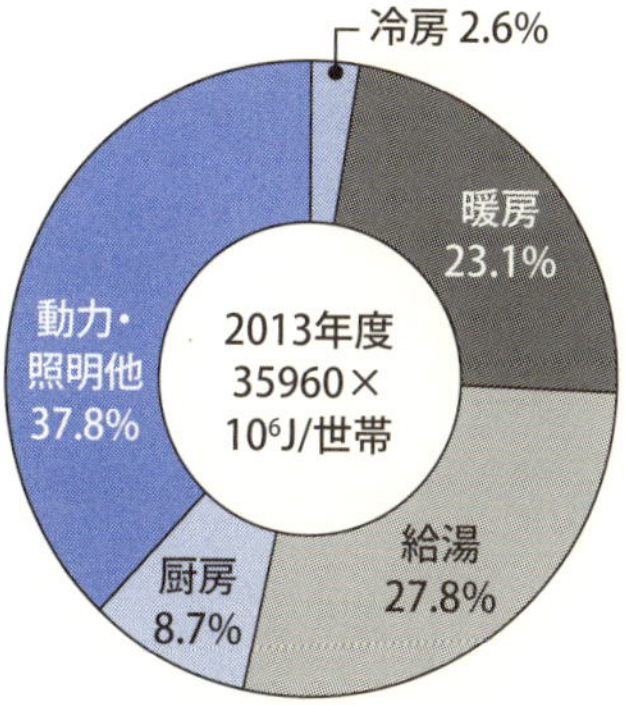

出典:平成26年度エネルギーに関する年次報告(エネルギー白書2015)「世帯当たりのエネルギー消費原単位と用途別エネルギー消費の推移」(経済産業省 資源エネルギー庁)

COLUMN

日本の家に見られる工夫❷
――縁側のパッシブデザイン的な要素

近年の新築住宅ではほとんど見られなくなってしまいましたが、伝統的な日本式の木造住宅は床が地面よりも何十cmか高くなっていて、縁側が設けられています。これもまた、快適な家にするための素晴らしい工夫です。床下や部屋のまわりに空気の層がつくられて、熱が家の中にそのまま伝わらないようになるからです。

空気は固体や液体のものと比べると熱伝導率が低いため、空気の層は断熱材の役割を果たしたり、放射熱や対流熱をコントロールする役割を担ったりします。先の小屋裏も同じ考え方です（ただし、熱伝導率が低いとはいえ、空気には動くという特徴があるので、断熱材よりも空気層の方が断熱効果が高いというわけではありません）。

明治や大正の頃までは、部屋のまわりに障子があり、その外には縁側があって、ガラス戸がありました。縁側は幅がだいたい90cm以上はあるので、そこに空気の層ができます。床下だけでなく、部屋のまわりにも空気層がつくられていたのです。これも立派な断熱といえます。

その意味では、土間も同様です。若い人の中には土間を知らない方もいらっしゃるかもしれませんが、家の入口から部屋に上がるまでに続く空間のことです。

このスペースにもきちんとした役割があって、蓄熱効果があると同時に、風が通り抜ける空間でもありました。冬はこのスペースで熱を溜め、夏は入り口を開けて風を取り入れます。ここにも昔の人の知恵が隠されていました。

また日本家屋では、雨戸にも天然の素材である木が使われていました。経年劣化により建て付けが悪くなった雨戸を、足で蹴っ飛ばして閉めたことがある方もいらっしゃるのではないでしょうか。木は耐久性には劣るのですが、しかし断熱の素材としてはすぐれていて、木製の雨戸の断熱効果は高いのです。

さらに木製の雨戸には、太陽の熱が部屋に入るのを防ぐ効果もあります。ガラス窓だけだと、カーテンを閉めても熱が入ってきてしまいます。木製の雨戸を閉めれば窓の外で光が遮られるうえ、熱の伝導率も低いので、暑いときに熱が家に入る量を減らすことができます。

価格や使い勝手、耐久性などの問題から、木製の雨戸はほとんど使われることがなくなりましたが、昔の日本の住宅には自然の力が生かされており、パッシブデザイン的な要素があったわけです。

PASSIVE DESIGN

第3章

夏は涼しく、冬に暖かい家の秘密

～一年中Tシャツ1枚で過ごせる家をデザインする

愛媛県松山市　「時を経ても美しい陽を取り込む和モダンの家」

PASSIVE DESIGN

本場ドイツの考え方と異なる点

パッシブデザインは、ドイツを発祥とするデザイン手法といわれています。ドイツでは高い断熱性能を持つ家を建て、自然の力を取り込んで、暖房エネルギーを削減することに重きをおいているようです。

しかし、私が考えるパッシブデザインは、日本の気候の特性や日本人の感性を活かしたものにアレンジしてあり、ドイツのものとは少し違っています。

日本の名随筆、吉田兼好の『徒然草』に、次のような言葉があります。

「家のつくりやうは夏をむねとすべし」

つまり、昔は夏の暑さを防ぐことを主眼に家をつくっていました。

当時は冷房機器がなかったからです。エアコンがなくとも、冬は火鉢や囲炉裏、焚き火などを使って体を直接暖めることができました。夏の場合は、風の通りをよくすることで暑さをしのいでいましたが、蒸し暑い気候の中で風に当たったところで、体感温度が劇的に変化することがないのはご理解いただけると思います。

夏と比べて冬は、環境温度に逆らって体感温度を上げることができるだけに、涼感を得ることが難しい夏をどうにかしたいと考えるのは自然なことです。だから夏の暑さを防ぐ家づくりが推奨されたのだと考えられます。

この考え方が根底にあるために、現代でも日本の家は、諸外国と比べて断熱性や気密性に注意が払われていないのでしょう。

しかし今や各家庭にエアコンの設置が当たり前となり、エネルギーの消費量についても考えなくてはならない時代となりました。これからは、夏の暑さだけでなく、冬の寒さにも充分対応するつくりにすること、もっというと、パッシブデザインを取り入れることが得策です。

では、日本に合ったパッシブデザインとは、どのようなものなのでしょうか。

「断熱性」と「気密性」を高めることに関しては、ドイツの考え方と同じです。

日本とドイツとで異なる点は、気候の特性の違いによって説明できます。

ドイツの場合

日本の北海道よりも北に位置するドイツは、緯度が高く、外にいても太陽の光を得られる時間があまり長くありません。

寒い時期が長く続き、4月になっても降雪に見舞われることがあります。冬は日射量も少なく、寒さ対策としては太陽の光を取り入れることよりも外気を遮断することを重視しています。そのため、窓は比較的小さなつくりになっています。

窓は開けずに換気をしっかりする、空気を入れ替えるけれども熱は逃げないようにする、という考え方が基本です。

日本の場合

日本にはドイツと同じく四季がありますが、夏は蒸し暑く、冬はドイツと大差ないほど寒いという地域も少なくありません。

一方で、春と秋という気持ちのいい季節があり、ある程度の期間続くので、この気候特性をできるだけ活かすようにします。初夏の風などはとても心地の良いものです。そのような時期の外の風や気温を、なるべく家の中に取り込めるようにします。

この考え方が、ドイツとは異なる点です。

ドイツでは家の内と外をしっかり分けるのに対し、日本ではできるだけ内と外を仲良くさせつつ、夏と冬はしっかり暑さや寒さを遮断する。そうするのが、日本人の感覚に合った家づくりだと私は考えています。

この考え方の違いが家のつくりに具体的に現れるのは、次の2点です。

窓の大きさ

南面の窓を大きく取ってしっかり日射を取得し、とくに冬は太陽の光をできるだけ取り入れるようにします。夏は暑さを防ぐために軒や庇を出して、その時期だけは光が入らないよう工夫をします。

逆にドイツでは、窓が小さいせいか、日射遮蔽《しゃへい》（太陽の光をさえぎること）をあまりしていません。日射遮蔽したとしても、軒や庇のような建築要素ではなく、設備として外付けのブラインドを使っている場合がほとんどです。

一方、日本では外付けのブラインドをしている家はあまり見かけません。これにはさまざまな理由が考えられますが、気候的なことと価格の高さが主な原因だと思われます。外付けのブラインドが効果的であることを建築関係者があまり知らず、その価値と価格のバランスを理解していなかったり、台風による外付けブラインドの破損を懸念して採用しないということもあるかもしれません。

風の取り入れ方

気候特性の違いからもわかると思いますが、ドイツは日本ほど積極的に風を家の中に取り入れることは考えません。

日本で気持ちのいい風を取り入れる工夫をする傾向があるのは、自然と親しむことが日本人の気質に合っているからだといえるでしょう。

窓の位置や大きさを決めるときは、「ここあそこに窓を付ければ風が通る」とか、「このような窓の付け方をすると風は通らない」といったことをよく考えたうえで行いますが、これもドイツは家の中と外はしっかり分ける、日本はできるだけ自然と仲良くするという考え方の違いからきています。

PASSIVE DESIGN

自然の風を活かす
——住む場所・季節・時間帯で風の通り方を調べる

自然の力を最大限に活かした家をつくるために、どのような点に気をつければよいのか、「風」の扱い方からみていきましょう。

風は基本的にはまっすぐに進みますが、壁などにぶつかっても止まらず、方向を変えて進みます。この特性を頭に入れておいてください。

まずは、部屋全体で考えます。窓がひとつの部屋に複数ある場合、風は窓から入り、別の窓へと抜けていきます。部屋の窓の数が少なく、その部屋だけでは風通しが確保できない場合は、複数の部屋を渡って風が抜けるルートを探りながら、窓の配置を検討します。これが、風通しのよい部屋をつくる上での基本の考え方です。

そこから視野を広げて、家全体の風の流れをデザインするように心がければ、風がよく抜ける家に近づいていきます。

風通しの良い家（例）

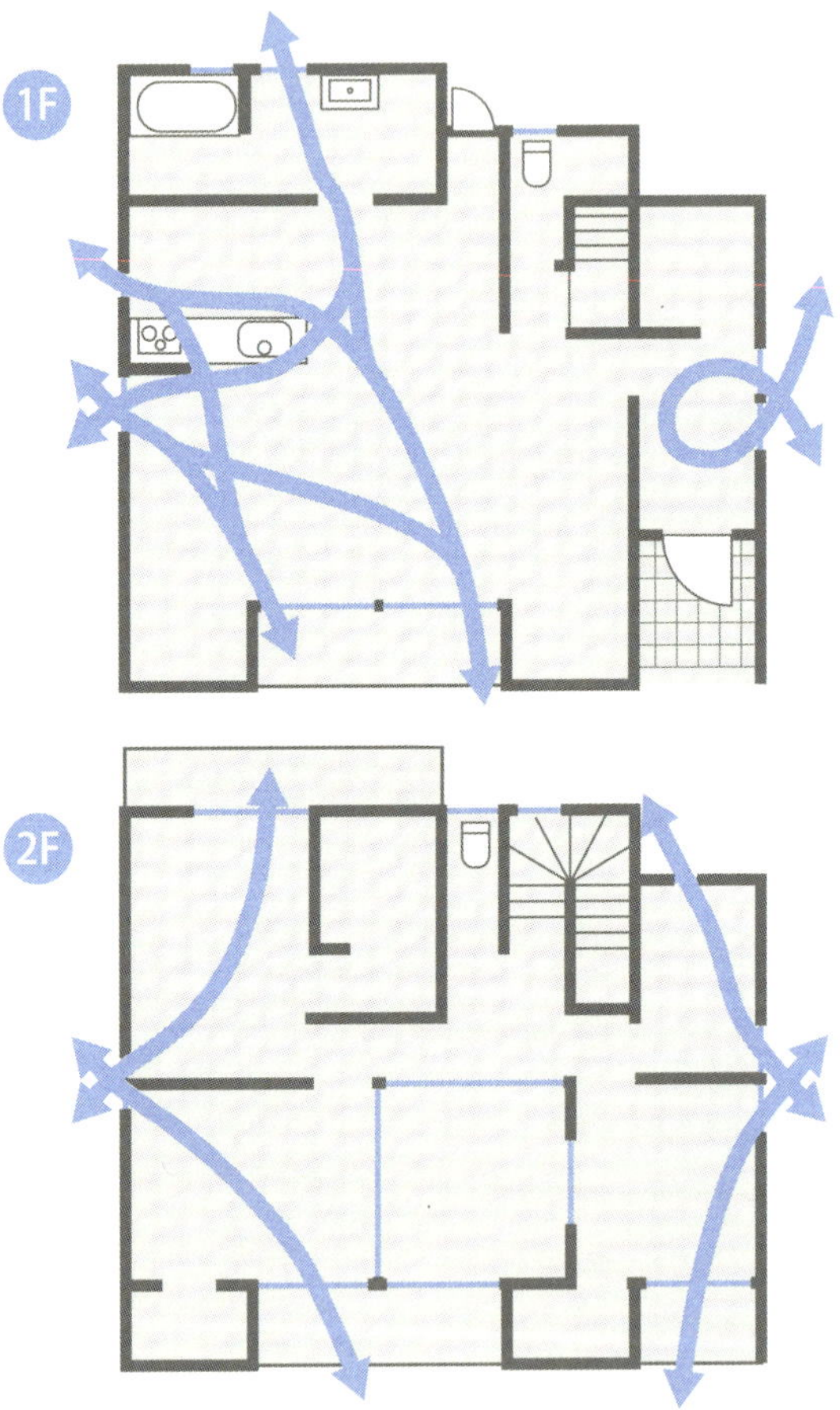

どの方向から風が吹いてきても、すべての部屋に通風できそうな間取り

断面で通風を検討する（例）

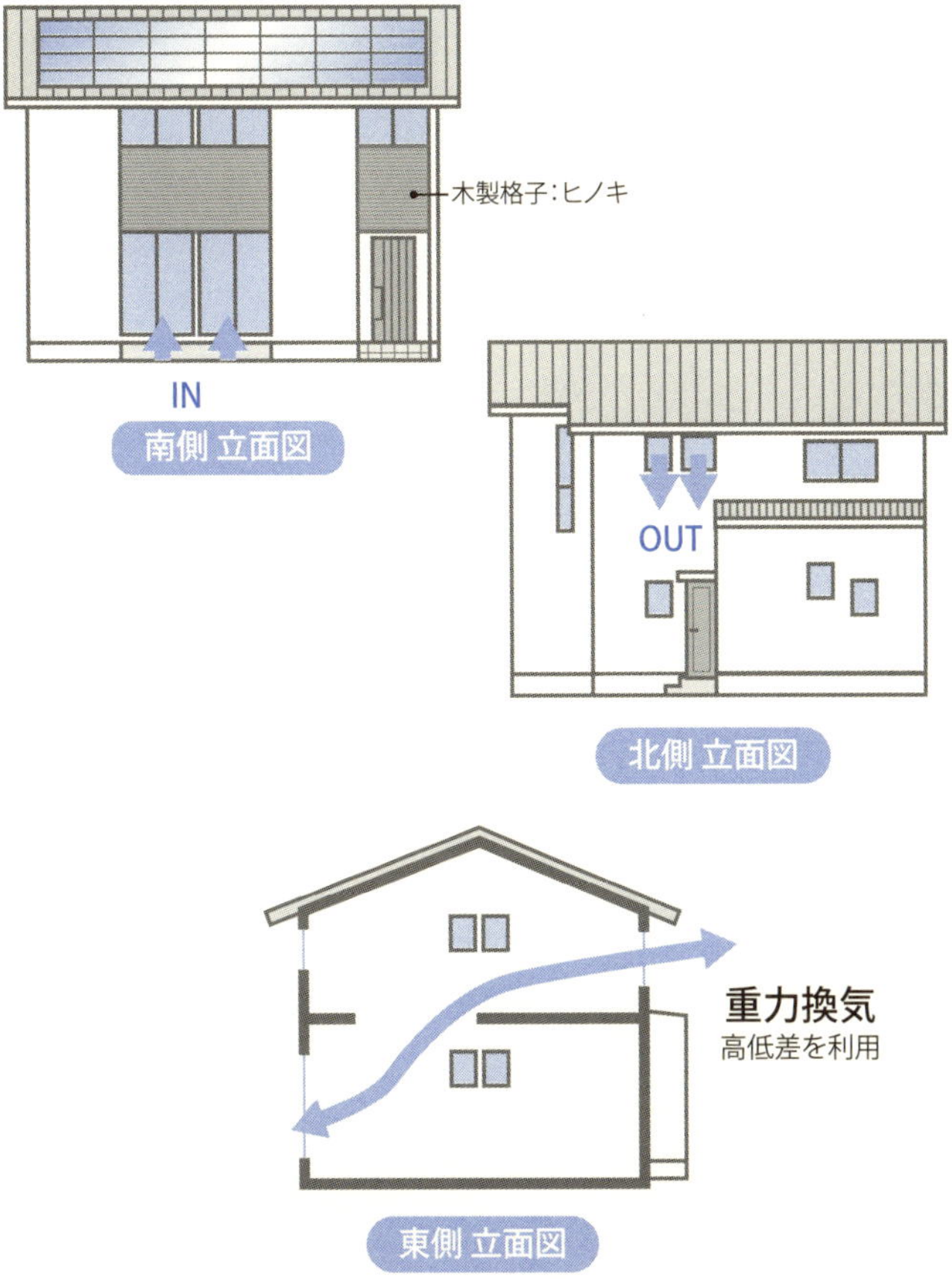

高低差を利用し、重力換気がなされる家に

風通しの良くない家（例）

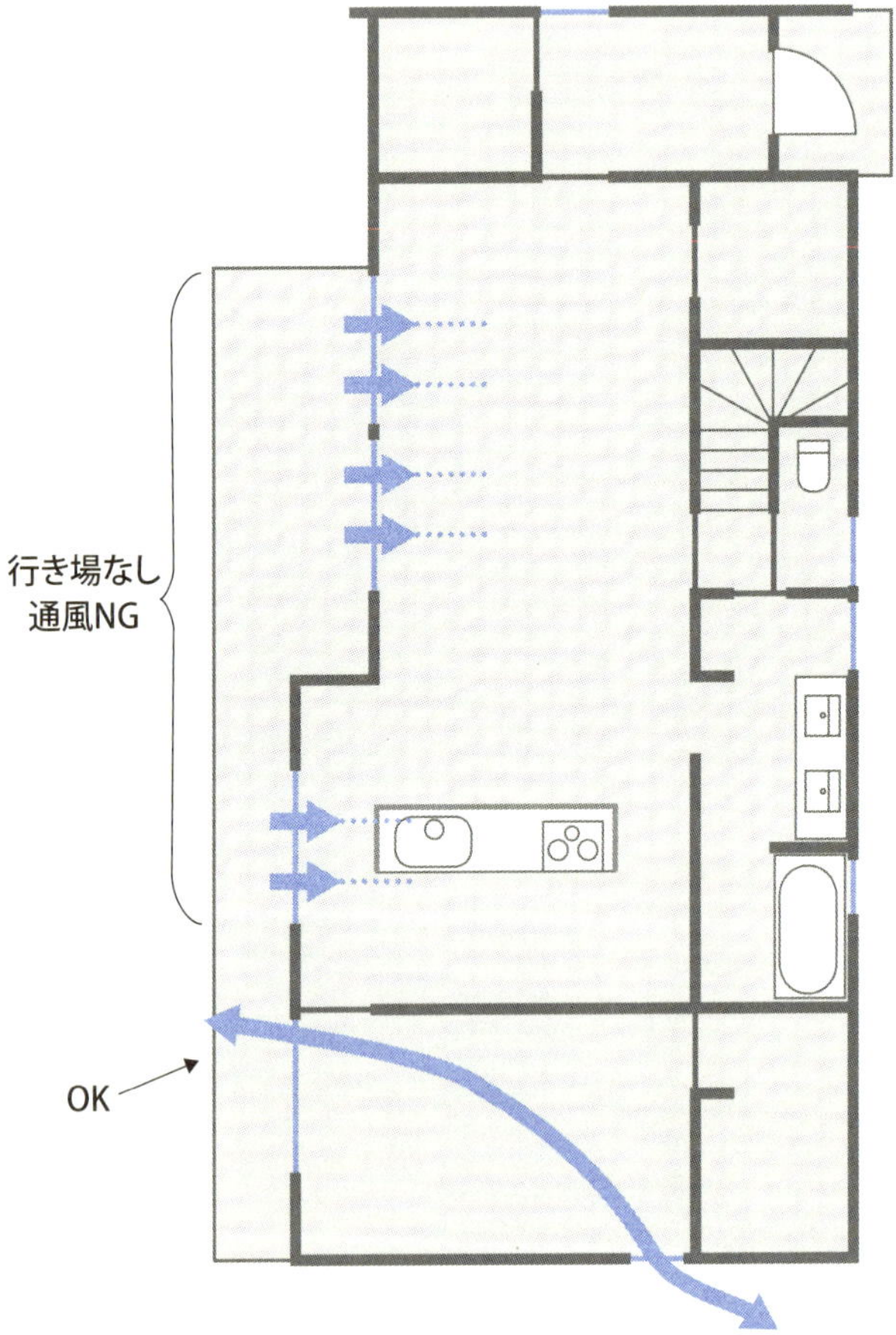

寝室の通風はOKだが、リビングは入ってきた風の抜け道がない

また、風通しの良い家をつくるには、東西南北どちらから風が吹いてきても風が通るように設計することが大切です。

住む地域によく吹く風を知っておく

風の通り方は住む地域や場所によって変わります。また、季節や時間帯によっても変わります。それをよく調べて間取りを決め、窓の位置を決めることが大切です。

特定の地域で特定の期間によく吹く風があり、これを「卓越風」といいます。

また、愛媛県の「やまじ風」や兵庫県の「六甲おろし」のように名前が付けられるほど特徴的な風は「局地風（地域風）」と言われ、強い風が吹き付けたり、冷たい風が山から吹いてきたりと、生活に大きく影響することが多いものです。

風に配慮した設計方法として「卓越風」を頼りに設計をする、という意見もあります。しかし、あくまでその地点直近のアメダスの観測地点でよく吹く風であって、実際の建築地とは異なりますし、それ以外の方向から吹いてくる風も少なからずあります。「卓越風」を頼りに設計をすることは、それ以外の風に配慮しないことにもなりかねません。どの方向から風が吹いてきても良いように設計しておくべきでしょう。

一方で「局地風」は、非常に強かったり冷たかったり乾燥していたりと、生活に大きな影響を及ぼす風です。例えば非常に強い風が吹いてくる方位に大きく軒を出した場合、風に煽られて家が破損してしまう可能性もあります。局地風に対しては一定の配慮をすべきでしょう。

地形によって吹く風が特徴づけられる場合もあります。例えば山間部では、昼は山に向かって風が吹き上げ、夜は逆に吹き下ろします。また海側では昼は海から陸へ吹き、夜は陸から海に向かって吹きます。このような風をうまく取り込むためにも、全方位についてしっかりと通風の検討をすると良いです。

もし、その土地の風の特性がわからないのなら、現地の人に聞くのがベストです。全方位について通風を検討した上で、局所風対策を考慮した間取りにすることが、その土地に吹く風を生かした設計手法になります。

家の周りに吹く風の話をしてきましたが、風の吹かない日もありますし、地域に

頂側窓

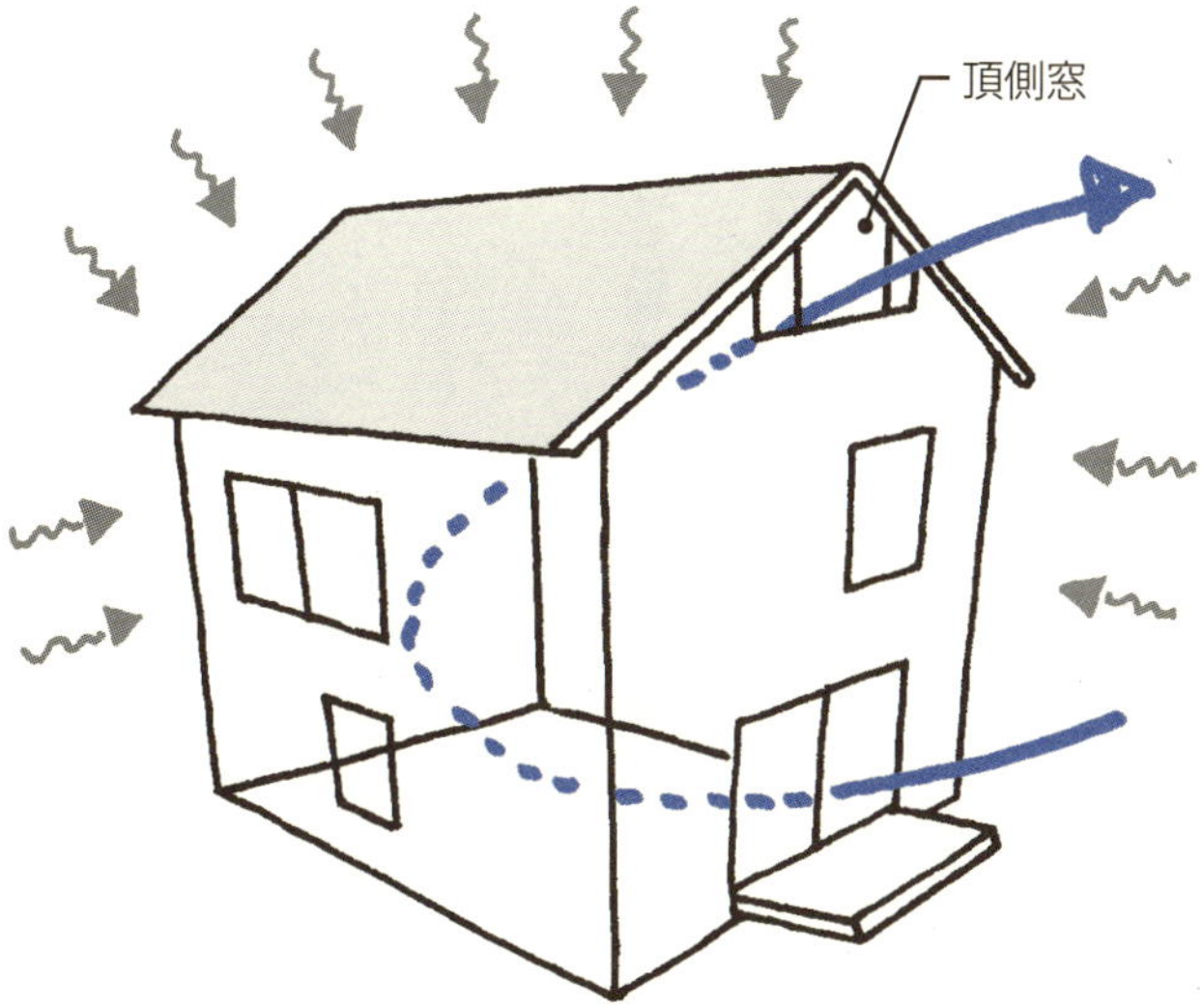

風のない日でも家の中で空気の動きを作り出す頂側窓。家の上部に溜まった夏の熱気が頂側窓から外に逃げていくのと同時に、低い位置の窓から外気を取り込むことができます

よっては風の弱い日が多いこともあります。そんな時は頂側窓（ハイサイドライト）が効果的です。ハイサイドライトを設置することで、他の窓との高さの差を作ることができるため、重力換気を起こし、部屋の上部に溜まった熱気を効率よく排出することができます。

重力換気は外の風とは関係なく起こるため、風の吹いていない日でも換気をすることができます。

小窓を配置して風の流れを作る

狭い場所に小さな窓を付けるだけでは風が流れない、とイメージしてしまうかもしれません。

ですが風は、窓から窓へ抜けていきます。たとえ狭い場所でも、そこに小さな窓が付くと、他の部屋の窓から入った風が小さな窓から抜けていく風の道になるんです。

一つの窓から空気が出入りするのではなく、窓から窓へ流れる風の線を繋ぐイメージを持てば、狭い場所にも風の流れを作ることができます。

風通しを良くする工夫

窓さえ開ければ風が入ってくると思ったら大間違いです。窓は開けたのに、風は自分の目の前を通りすぎるだけ……という体験をしたことはあるでしょうか？　風は何かにぶつかるまではとにかく真っ直ぐ進むため、窓の目の前を通り過ぎる風は、何かにぶつけなければ室内には入ってこないのです。

この特性を利用して、風をつかまえて中に取り入れる「ウィンドキャッチャー」という方法があります。

横にずらして開ける引き違い窓ではなく、斜めに開くタイプの窓（縦すべり出し窓）を付けることで、家と並行に走って素通りしてしまう風も室内に誘導することが可能になります。その名の通り、風をつかまえるわけです。

また、「立体通風」を取り入れるのも有効です。

立体通風とは家の中を縦に風が通るようにすることで、たとえば吹き抜けをつくったり、高い位置に窓を付けたりして風を誘導します。風通しというと横軸で考えがちですが、縦に風を通すことで、家の隅のほうにも風が行き渡りやすくなります。

引き違い窓と縦すべり出し窓の通風の違い

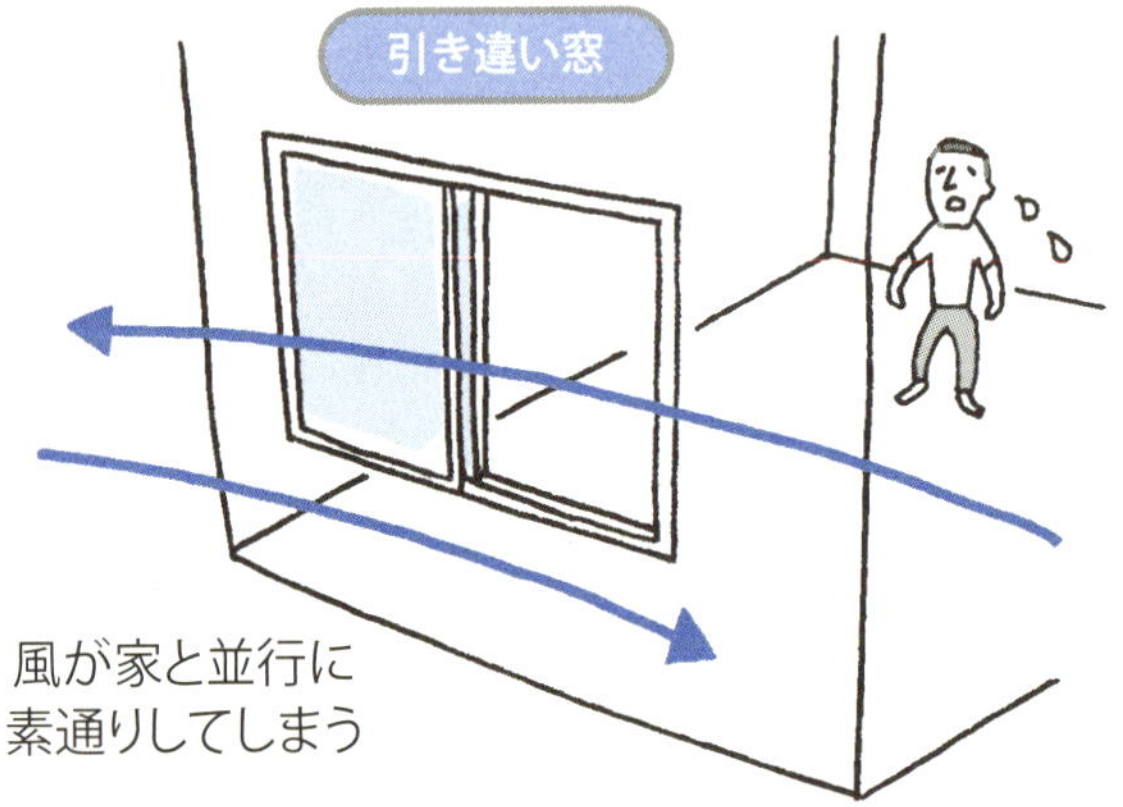
引き違い窓
風が家と並行に
素通りしてしまう

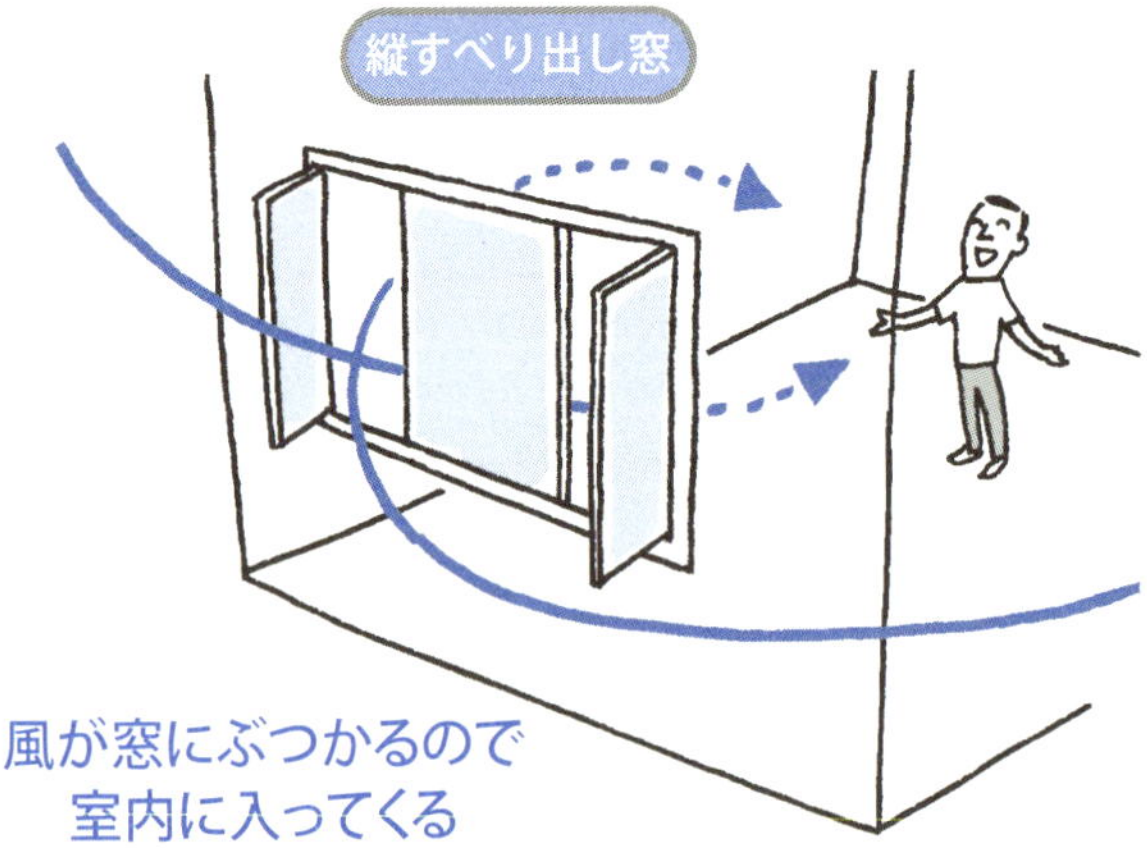
縦すべり出し窓
風が窓にぶつかるので
室内に入ってくる

立体通風(例)

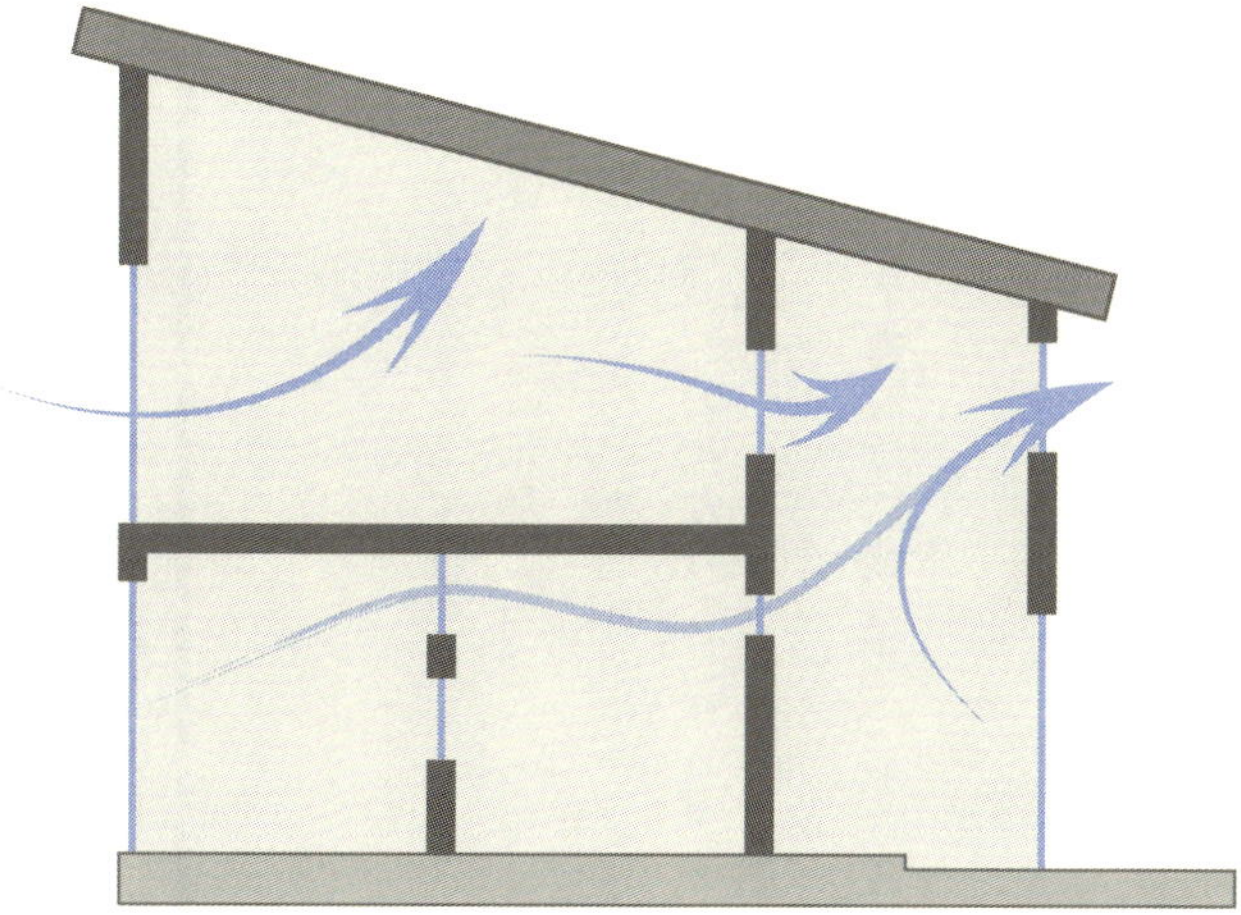

風は横方向だけでなく、縦にも通る。立体通風を考えると家の隅々まで風が行き渡る

PASSIVE DESIGN

太陽の光を取り入れる

——自然の明るさをしっかり確保、照明器具も最小限で済む

次に、明るい家づくりの方法、太陽の光の上手な取り入れ方についてご紹介します。ご存じのとおり、直射光がいちばん長く当たる方角は南です。そこで、家を明るくするには、窓を南側につくるというのが基本になります。

家の明るさを左右するのは、直射光だけではありません。太陽の光が直接入らなくとも、窓があれば、直射光ではない光や周りの建物から反射した光、すなわち間接光が入ってきます。複数の面に窓を設けて間接光を取り入れるというのも、明るい家をつくるうえで基本的な考え方です。

日中長く過ごす部屋は、より明るくするために窓を多くします。天窓を利用する手もありますが、天窓からは光だけでなく熱も入り込んできます。天窓のついた憧れのログハウスを建てたのはいいものの、夏にものすごく暑くて、天窓を後悔していた知

人がいます。充分な検討が必要です。

窓がつくれないとき

窓をつくれと言っても大きな道路に面していて防犯上つくりたくない！ すぐ隣の家が迫っていて窓をつくりたくともつくれない……という場合もありますよね。このようなときに役立つのが、「導光」という考え方です。

光を直接導く方法としては、吹き抜けの利用があります。南側に吹き抜けをつくっておけば、１階の北側に光を導くことも可能です。

光というものは縦横無尽。反射も屈折もします。そんな光の特性を最大限に利用しましょう。

直接の光ではなく、反射を利用する方法もあります。部屋の内装を白系統の薄い色で統一し、部屋の奥まで光を届きやすくしたり、ベランダに光を反射させて室内に取り込むといった方法です。そのほか、欄干のすき間や庇に光を反射させる手もあります。ただしその場合、夏の暑さとの関係を考慮することが必要です。

導光の例

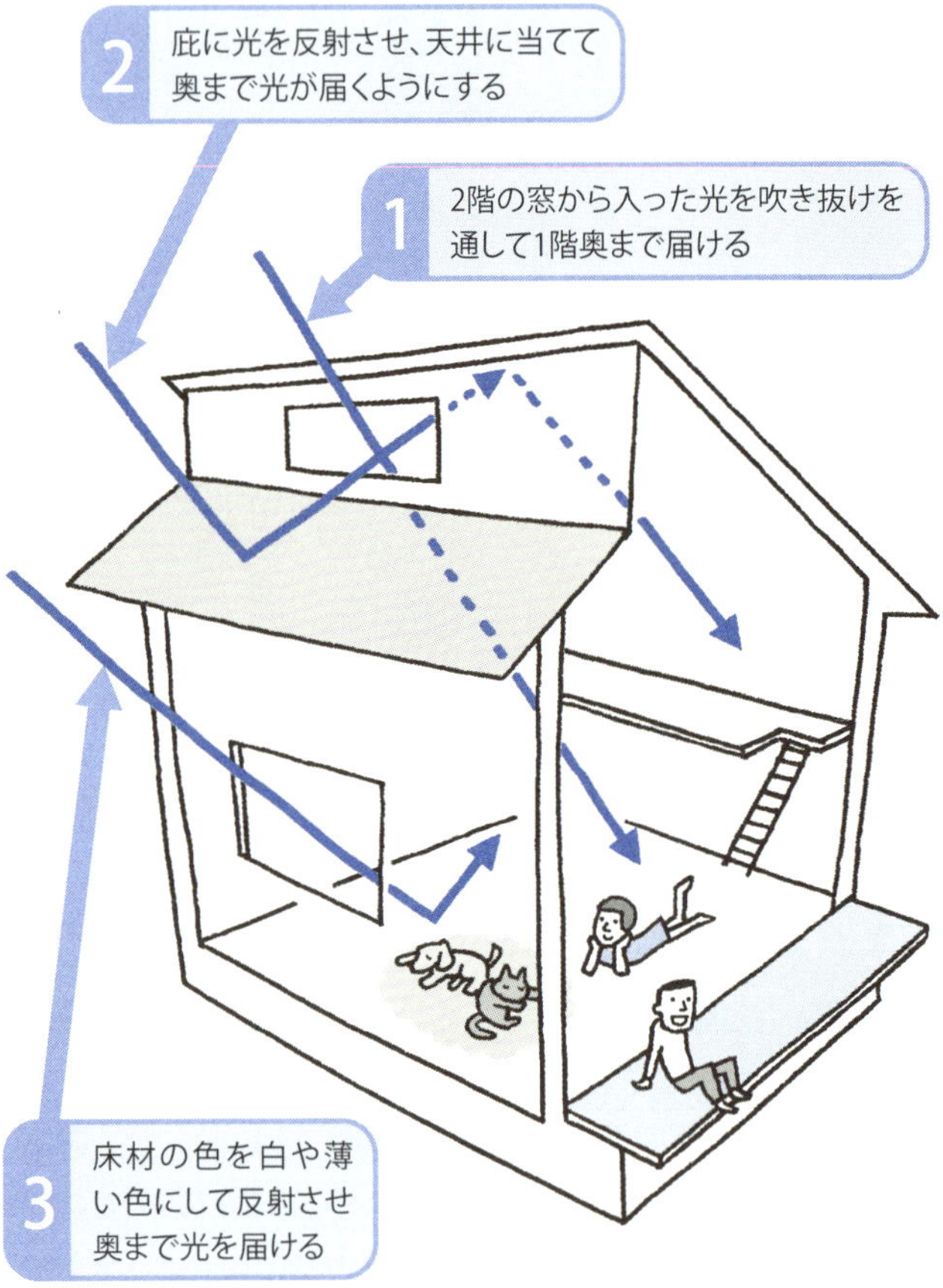
2
庇に光を反射させ、天井に当てて
奥まで光が届くようにする
1
2階の窓から入った光を吹き抜けを
通して1階奥まで届ける
3
床材の色を白や薄
い色にして反射させ
奥まで光を届ける

PASSIVE DESIGN

断熱性を高める
――外壁・屋根・床・窓の工夫で冬でも寒くない

前述しましたが6畳用のエアコン1台でも冬に暖かく過ごす家づくりは可能です。ここまでお読みになった方は、そのポイントが「断熱性」だとおわかりですよね。では、家づくりで断熱性の大事な場所はどこだと思いますか？　答えは4つ。「断熱」に充分な配慮をするのがパッシブデザインの家の特徴です。断熱性を高めるために大事な要素は次の4つです。

1　外壁
2　屋根（一番上の天井）
3　床（基礎）
4　窓

部屋の中の熱がここから外に逃げていってしまわないように、熱が伝わりにくいようにつくる。断熱性が高くなれば、家の保温性も高くなります。２０２０年に義務化される基準の「断熱等性能等級４」を上回るようにしたいものです。

暖房を入れていても足腰が冷たく感じられたり、窓に近づくと冷気を感じることがありますが、それは壁や床、窓、天井の表面温度が低くなっているからです。体感温度が室温よりも低いと感じるのは、そのようなケースです。

これを防ぐためにも、断熱は欠かせません。きちんと断熱された家では体感温度が室温と変わらなくなり、寒さを感じることが少なくなります。

専門的な話になりますが、現在の一般的な家の柱は10・５cm、いわゆる3・5寸柱と言われるものです。その柱と柱の間に断熱材を入れるのですが、これでは充分な断熱効果は期待できません。少なくとも壁の厚さが20cm以上ないと、期待する断熱効果は得られません。

では期待する断熱効果とは何なのか。それは部屋の上と下の温度差がなくなることです。温度差ができるというのは、熱が部屋から逃げるために起きる現象です。熱が逃げなければ温度差はできず、どこの温度も一定に保たれます。

また、吹き抜けのある家は空気が暖まりにくいとか、スペースが広いので暖房をしてもあまり暖まらないと思っている方がよくいますが、それはまったくの誤解です。スペースが広くても、断熱性能がきちんと保たれていればどんな部屋でも暖かくなります。

断熱材の種類

具体的な方法としては、柱と柱の間などに断熱材を詰める「充填断熱」と、壁や屋根などの外側に板状の断熱材を張る「外張り断熱」の2種類があります。

【充填断熱】

日本の多くの木造の建築物では、柱を立ててボードを張って作っていく在来工法を採用しています。住宅では特に在来工法が多くなっています。この在来工法での断熱は、多くの場合充填断熱と呼ばれる断熱手法をとります。

柱と柱の間にグラスウールやロックウールといった繊維系の断熱材を入れたり、現場発泡ウレタンと呼ばれる、発泡させた樹脂による断熱材を入れます。断熱材自体に湿気が入り込まないよう、防湿シートと呼ばれる水分を通さないシートによって室内からの湿気を防ぎ、外側には、雨の侵入を防ぎつつも内側から湿気を逃すことができる透湿防水シートを張ります。

充填断熱で断熱性能を向上させようとした場合は、壁の厚さをとにかく増やしていけば良いので、費用がかかったとしても断熱材の増量分と柱の太さを太くした分＋大工さんの手間賃程度に抑えられます。非常にコストパフォーマンスの高い断熱方法と言えるでしょう。

【外張り断熱】

2×4工法のようにパネルを組み合わせて家を作っていく場合に、断熱は外張り断熱を採用することがあります。使用する断熱材自体が湿気を含みにくいボード状のものを採用するため、室内からの湿気を防ぐようなシートや、雨から守るためのシートを施工する必要がありません。ボードとボードの継ぎ目をテープで止めて、スキマを

外張り断熱と充填断熱

外張り断熱工法

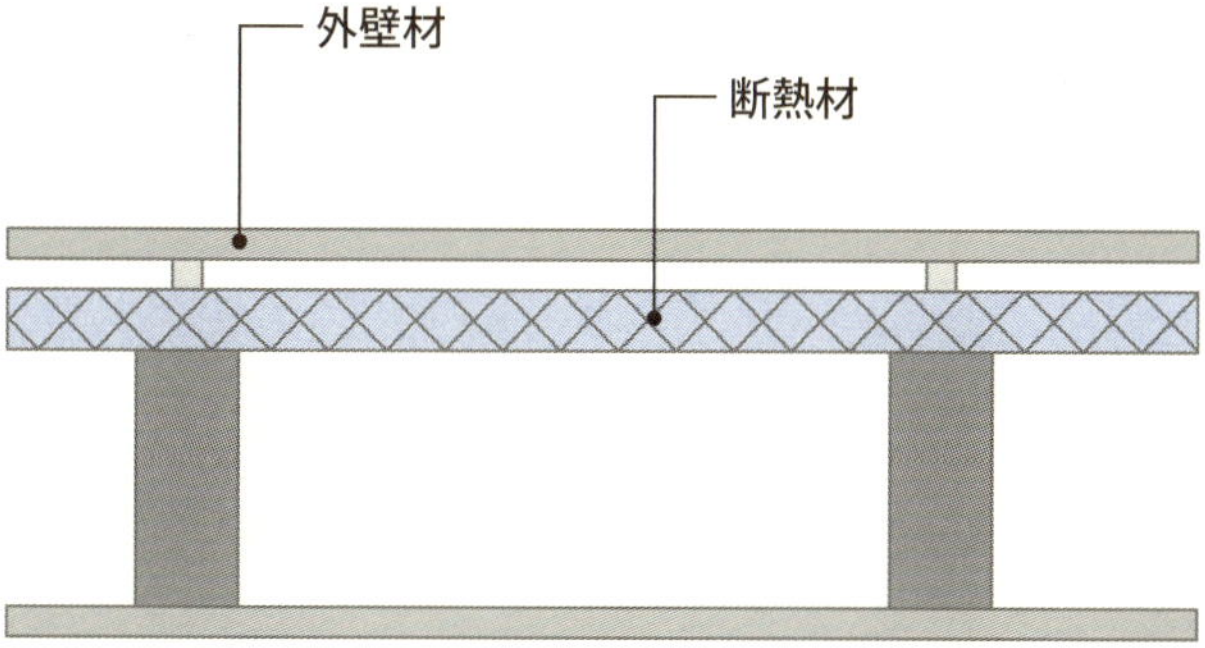

充填断熱工法

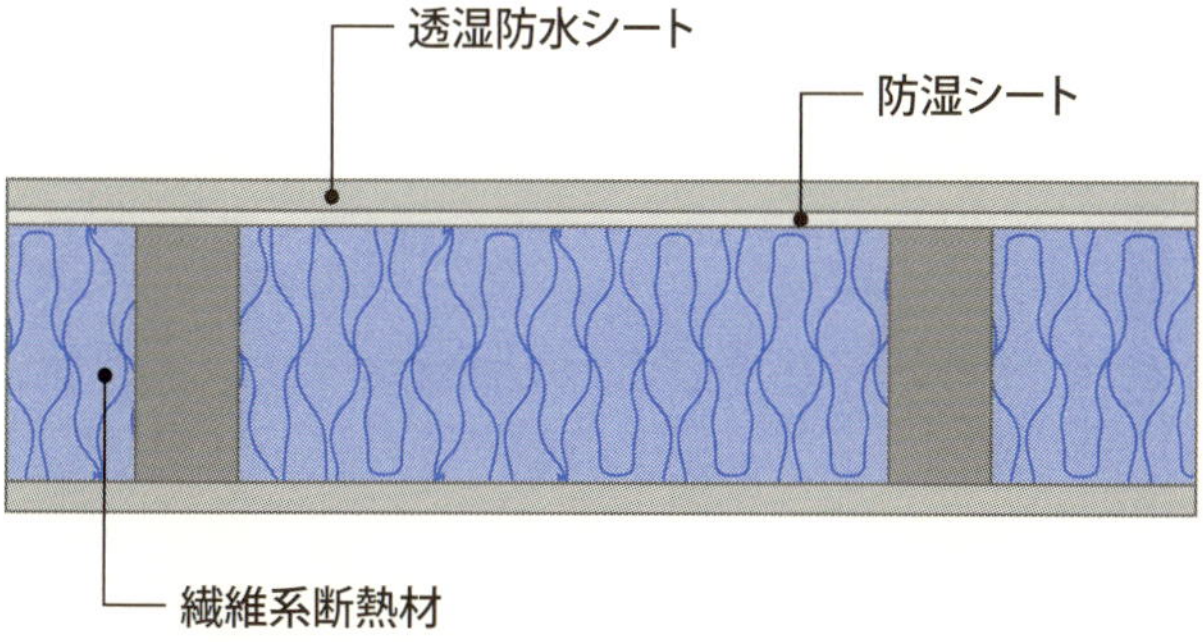

なくすように施工していきます。

外張り断熱は、外壁材を除く家の構造材全てをすっぽり包み込むため、断熱材以外から熱が入り込むことを極力避けることができます。このメリットが注目され、一時期、高断熱の住宅を建てるためには外張り断熱、と言われていた時期もありました。

しかし、さらなる断熱性能の向上を目指そうとした時に、外側に貼り付ける断熱材の性能向上と厚みの増加には、どうしても限度があります。というのも、断熱材を壁に保持するのは釘で、断熱材の厚さが増すと、必然的に釘も長くなるため、厚みには限界が存在してしまうのです。

現在では、充填断熱をした家に、さらに外張り断熱をすることで断熱性能を向上させる方法をとられることがあります。


いずれも一長一短あるので、ご自身の家づくりに適しているのはどちらなのか、建築するときに住宅会社とよく相談されるといいでしょう。

また最近では、断熱材の種類が増えてきました。これもそれぞれに特徴がありますので、それを理解したうえで相談するとよいでしょう。

ちなみに、断熱材は、何が良くて何が良くない、ということは一概に言えません。断熱性、耐久性、不燃防火性、耐候性、防蟻性、施工性、健康性、透湿性、コスト・費用対効果がそれぞれに一長一短あり、完璧な断熱材はありません。断熱材を選ぶときは壁のつくり方とセットで考える必要があります。それぞれの特徴を充分に理解し、きちんと施工すれば、断熱材は何でも良い、と言えます。

参考までに、よく使われる断熱材の種類と特徴、それに対しての私のコメントを表にしておきました。家を建てる際の目安になればと思います。

断熱材の種類と特徴

種類		熱伝導率	熱の伝えにくさ	特徴
鉱物繊維系	高性能グラスウール16K	0.038	中	ガラス繊維の綿。日本の住宅に最も普及しており、丁寧に使えば費用を抑えて高性能な住宅を作ることができる。シロアリに強いです。湿気をよく通し、湿気を含んでしまうので、断熱材に湿気が入り込まないように壁をつくる必要がある。
	ロックウール	0.038	中	鉱物性の綿。アスベストと間違われるが別モノで、性質はグラスウールにとてもよく似ている。断熱材に湿気が入らないようなつくりにすることが大切。
プラスチック系	A種ビーズ法ポリスチレンフォーム特号	0.034	高	一般的に「発泡スチロール」と呼ばれている。ボード状で湿気を通しにくい。ボード系断熱材の中では価格が低めだが、断熱性能も比較的低め。
	A種押出法ポリスチレンフォーム3種	0.028	高	外張り断熱や基礎のコンクリートの断熱に使われることが多い。湿気を通しにくく、熱も伝えにくい。シロアリの通り道になりやすいため、シロアリを防ぐ対策が必要。
	A種硬質ウレタンフォーム2種3号	0.024	高	外張り断熱や基礎のコンクリートの断熱に使われることが多い。湿気を通しにくく、熱も伝えにくい。シロアリの通り道になりやすいため、シロアリを防ぐ対策が必要。
	フェノールフォーム	0.02	高	断熱性能が非常に高いボード。他のボード系断熱材と同様に湿気を通しにくい。防火性能は他のボードと違って高く、炎を当てても炭化するだけで済む。
	ポリエステル	0.039	中	ペットボトルを原料につくられる。ポリエステル繊維は綿花に次いで広く普及している繊維で、たとえ燃えても有害なガスが出ず、安全。
自然素材系	セルロースファイバー	0.04	中	新聞紙をほぐしてホウ酸を混ぜたもの。健康面で優れていると言われる。吸放湿性があり、その特性を生かすようなつくりにする必要がある。自然素材系の断熱材の中では安価。
	木質繊維断熱材	0.045	低	木の繊維でできた綿。健康面で優れていると言われる。蓄熱性能を持つため、室温を安定させる効果が期待できるが、非常に高価。
	炭化発泡コルク	0.045	低	炭化させたコルクをギュッとまとめたもの。湿気を吸ったり吐いたりする性質がある。シロアリに強い。非常に高価。
	ウール	0.04	中	羊毛。マット状のものと綿状のものがある。自然素材系の断熱材共通の性質として、断熱性能は高くないが、安価で導入することができる。

PASSIVE DESIGN

断熱と同時に気密性も高める
――換気の効率を良くするツボ

断熱性と同時に「気密性」を高めるのが、パッシブデザインの家をつくるための必要条件です。この2つは必ずセットとして考えてください。

気密性を高めると換気の悪い家になると思われるかもしれませんが、そのようなことはありません。換気は換気できちんと行えば問題はありません。それどころか、気密性を高めれば高めるほど、換気がより計画通りに行われるようになります。

ストローを思い浮かべてください。もし途中に小さな穴が開いていたら、穴から空気が入ってきてしまいますし、飲み物を効率よく飲むことができません。それと同じように、小さくても穴があれば換気効率に影響を与えてしまいます。

パッシブデザインによる気密性の高い家では、一年中、換気口から常に一定の排気と換気をすることができます。わざわざ窓を開けなくても、「自然換気」の起こりにくい時季であっても、家が自然と呼吸しているようなつくりにできるのです。

また断熱性や気密性を充分に高めると、昼間、太陽からの日射を取り入れればそれだけで室温は20度以上になります。この熱を壁や床に蓄えておけば、室温が下がってきた夕方から夜にかけて、蓄えられた熱が自然に室内に放出されます。室内側の建材などに蓄熱する方法は、寒さ対策やエネルギー消費の削減に非常に効果的です。

一方で、蓄熱については設計手法や建材が発展途上のため、工夫の余地が残されているというのが現状です。

玄関には昼の熱を蓄えさせる

玄関は多くの場合、コンクリートやモルタル、タイルを使って土間スペースにします。コンクリート・モルタル・タイルは、多くの熱を蓄えることができる素材です。

例えば冬の昼間、太陽の光が玄関土間に射しこむようにしておけば、昼間の熱を蓄えて夜に放出させることができるので、夜間の暖房エネルギーを削減することが可能なのです。

PASSIVE DESIGN

夏の暑さ対策をする

——室内にぜったい熱を入れない工夫から

断熱性や気密性を高めると心配になるのが、夏の暑さです。北海道や東北の一部の地域を除き、日本の夏の暑さはかなり厳しいものがあります。とくに最近は、温暖化の影響からか猛暑日になる日も増え、夏の暑さにどう対処するかが大きな問題になっています。

そこで重要なのが、「日射を遮る工夫」をすることです。もちろん、風通しを良くして涼しくすることもできますが、それ以上に日射遮蔽が大切です。

もし今お住まいの家が夏暑いとしたら、日射遮蔽がきちんとできていないことがいちばんに疑われます。真夏に窓やカーテンを触ってみると、直射日光を受けてかなり温まってしまうことがわかると思います。

熱はそのようにして、室内に侵入してしまっているのです。これでは、エアコンをフル稼働させて長時間かけ続けなければ、部屋は涼しくなりません。

それを避けるには、「軒《のき》や庇《ひさし》をしっかり出す」ことが重要です。いくら窓の内側で光を遮断しても、暑さ対策の効果としては大きくありません。太陽の光はただ防げばいいわけではなく、室内に入る前に遮ってしまうのが正しい防ぎ方です。外付けのブラインドを活用するのもおすすめです。

その次に注意すべきは、屋根と外壁です。屋根や外壁の断熱性能を高めることで、直射日光によって高温になった屋根の熱が室内に入り込んでくることを防ぐためです。

壁も同様に、外の熱気が壁を伝って室内に入り込むのを防がなければなりません。高い断熱性能は、冬の寒さをやわらげるとともに、夏の暑さを防ぐことにもつながります。

また、日射を反射させる材料を屋根に使うのもいい方法です。この考え方は窓ガラスにも応用ができます。

そのほか、窓の外側に日射を防ぐ簾をかけたり、植物によるグリーンカーテンを植えたり、庭やベランダに植物を置くのも効果的です。これらは、ベランダや駐車場の照り返し対策にも役立ちます。

ベランダや駐車場はたいていコンクリートでできていますが、コンクリートは熱を溜め込む量が非常に多く、真夏のコンクリートの路上は温度が相当高くなります。日中は60度以上になるところも多いのではないでしょうか。

日が暮れても熱はなかなかとれず、夜でも40度以上になっているところがあります。そのような場所に何も対策を講じなければ、家の中の温度にも影響を与えてしまうので、ぜひこれらの方法を取り入れてみてください。朝夕の水やり（打ち水）も効果的です。

夏の暑さを防ぐコツ

屋根や外壁の断熱
性能を高める
軒や庇を
しっかり出す
屋根は日射を
反射させるものにする
朝夕に
打ち水をする
窓ガラスも日射を
反射させるものに
外付けのブラインドや
簾をかける
グリーンカーテン
を付ける
庭やベランダに
植物を置く

PASSIVE DESIGN

窓の役割と種類

光を取り込んだり、風を通す以外にも、窓には役割があります。主な役割をまとめると、次のようになります。

- 風を通す（換気）、防ぐ
- 光を取り入れる、遮る
- 断熱
- 景色が見えるようにする

そのほか、防犯、防虫、雨を防ぐ、プライバシーの保護といった役割を担うこともあり、さまざまな種類の窓が販売されています。

住宅の場合、いちばん一般的なのが「引き違い窓」です。左右に開けるタイプのオーソドックスな窓です。それ以外に、雨の吹き込みを防ぎながら緩やかに換気をすることができる「横すべり出し窓」や、ドアのように外側に開いて風を取り入れやすくする「縦すべり出し窓」も発売されています。それぞれの特徴を知り、目的に合わせて使い分けるといいでしょう。

窓の断熱性を高める方法

窓の断熱性能を向上させるには、2通りの手段があります。家全体の窓の面積を小さくすることと、窓の材質や構造を見直すことです。

窓の面積が小さくなれば室内に入ってくる太陽の光が減ってしまいますが、断熱に関して壁と比較すると、窓は圧倒的に熱を通してしまいます。窓面積を小さくすることが家全体の断熱性能を向上させることになる所以です。

では窓面積をどの程度小さくすればよいのでしょうか。これは、地域によって採光と断熱のバランスを比較して、対応方法を検討すべき事項です。例えば、私が住む愛媛の場合、日照時間が比較的長いので、窓を大きくして太陽の光を取り込むほうが合理的です。逆に日本海側では、冬は曇っている日が多いので、窓を小さくして熱を逃がさないようにしたほうが省エネになります。

東京の場合、日照時間はあまり長くありません。それに加えて建物が入り組んでいる場所が多いので、太陽の光を取り込める時間が短いところも多いようです。したがって、窓は小さめのほうが有利だと言えます。

窓の材質については、以前はガラスが１枚のシングルが普通でしたが、現在は２枚使っているダブル、ペアガラスが主流になっています。このほうが断熱効果が高くなります。

しかし、私はそれ以上のトリプル、３枚使ってあるものをおすすめします。これだとさらに断熱性能が高くなります。多少、値段は高くなりますが、長い目で見れば確実に光熱費の節約につながるので、できればトリプルを使ってほしいところです。

また、窓の枠に使われている「サッシ」についてもよく検討する必要があります。安価なうえ強度が取れ、軽くて持ち運びに便利なため、アルミサッシが普及していますが、アルミは非常に熱を伝えやすいので、断熱性能があまりよくありません。

アルミサッシの窓は、ガラスの部分よりも窓枠のアルミの部分に結露が多く見られます。それは、アルミの方が断熱性能が良くないからです。外の空気がアルミサッシを冷やし、室内の暖かい空気に触れて結露が起こります。

これを防ぐには、窓枠の素材の種類を工夫することが必要です。素材としては、次の順に断熱効果が高くなります。

① 木
② 全部樹脂
③ アルミと樹脂の複合（アルミの室内側に樹脂を被せたもの）
④ アルミ

理想は①の木や②の全部樹脂ですが、とくに木は値段がかなり高くなりますし、窓が大きくなると重くなるので、そこは考え方次第です。

③のアルミと樹脂の複合サッシはそれほど高くないため、多くの会社が標準採用し始めていますが、今後は②の全部樹脂が広く普及することが予想されます。費用対効果が最も大きいので、おすすめです。光熱費に換算した場合、30年程度かけて回収することができます。また、アルミを一部使用したサッシと比べて表面温度が高くなる

窓の種類

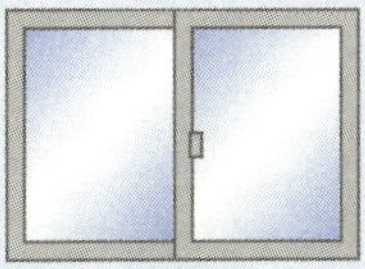

引き違い窓

最も一般的な窓。さまざまな面積に対応できるのが利点。気密性が弱いことや、窓に対して水平な風は取り込めないことがデメリット。

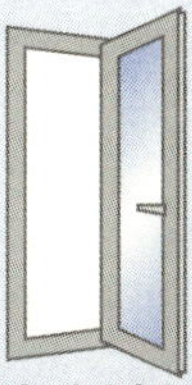

縦すべり出し窓

風を取り込むのが得意。特に細長いスリット窓は、風通し・防犯・採光を兼ねた便利な窓になる。軒や庇がない場合、雨が吹き込むというデメリットがある。

横すべり出し窓

雨が吹き込みにくく、防犯性も悪くないので、キッチンやトイレなどに便利な窓。ただし、風通しはあまり良くない。

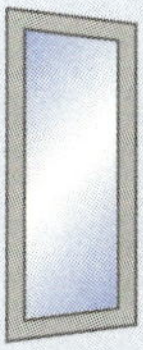

FIX窓

ガラスが入っているだけの開かない窓。他の窓より断熱性と気密性は高いが、風通しとは無縁。採光のみを考えるときに便利。

ジャロジー窓

細長いガラス板がブラインドのように構成されている窓。防犯性が低いうえ、断熱性と気密性に乏しいため、パッシブデザインの家には向かない。

ため、部屋の体感温度も高くなりますし、結露の発生する可能性も低くなります。

ガラス面と窓枠を比べると、ガラス面のほうが断熱性能は高くなります。窓枠の断熱性を向上させることが、効果的に断熱性能を強化する秘訣です。

最低でも全部樹脂のサッシを使用し、冬場に太陽光を室内に入れる工夫をする。これだけでも家計にかなり優しくなります。

また、冬は熱を逃がさないようにするため、できるだけ内側で熱をキープします。夏は窓の外側で熱を遮るのがいいとお伝えしましたが、その逆の発想です。対策としては、冬はカーテンを厚手にするというのが一般的です。和室なら障子を付けるのもいいでしょう。

結露について

有害なカビや菌の発生を抑え、家を長持ちさせるためにも、なるべく結露が起こらないように注意したいものです。

専門的にいうと、結露は「表面結露」と「内部結露」の2種類に分けられます。

表面結露

窓ガラスや壁、窓枠のサッシなどの表面に露がつくことを表面結露といいます。

とくに目立つのは、窓ガラスと窓枠のサッシです。断熱性が低く、外の冷たい空気に冷やされた窓ガラスやサッシの表面に、室内の暖められた空気が触れて、結露が発生します。

壁に発生する結露もしくみは同じです。壁の断熱性能が低い場合、壁の表面にも結露が起こります。

これを防ぐには、「断熱性の高い窓にする」「除湿をする」「換気に気を付ける」などの方法がありますが、冬は乾燥しやすいので、ある程度の湿度は必要です。家自体の断熱性能を高めるのがベストだと考えられます。

タンスなどの家具や押し入れにも結露は起こります。発生しやすくなるのは、壁に面した場所にピッタリ付けて置いている場合です。家具の下にすのこを敷いたり、脚をつけて空気が回るようにしておくことで防げます。

内部結露

壁の中で起こる結露を内部結露といいます。これが発生すると、木造の住宅では柱や梁などを腐らせたり、カビを生じさせる原因になるので、注意が必要です。

原因は、室内から外側へ向けて抜けていく湿気で、この湿った空気が壁に入り込むことで、内側に結露が誘発されます。

対策は、とにかく室内からの湿気を壁の中に入れないことです。繊維系の断熱材は湿気を通しやすく、湿気自体を含みやすいため、室内側に防湿フィルムを貼って対策することをおすすめします。

PASSIVE DESIGN

太陽熱温水器と太陽光発電

国から補助金が出て、なおかつ発電した電気を売ることもできるため、近年では「太陽光発電」の人気が高まっています。最近の夏の電力に余裕があったのは、この太陽光発電が増えたためとも言われています。

厳密にいうと、太陽光発電はパッシブデザインとは直接関係がありません。太陽の光を使っているので、自然の力を利用していることに変わりはないのですが、「発電をする」ことから、パッシブではなくアクティブと言われています。

しかし、パッシブデザイン的要素も持ち合わせています。太陽光発電は屋根にパネルを貼って行うのですが、パネルを貼らない場合と比べると屋根面の温度の上昇が抑えられ、屋根から室内へ入ってくる熱を大幅に減らすことができるからです。屋根とパネルとの間に空気の層ができ、それによって暑い光の熱が遮られます。

このように、発電の機能をもつアクティブな機器であると同時に、パッシブの要素を発揮する太陽光発電は、たいへんおすすめです。

この本ではパッシブデザインに関する話をしていますが、それを基本に家づくりをしたうえで、プラスαとして太陽光発電を入れるのもひとつの方法です。

考え方や予算、お住まいの環境・条件によって導入を検討されることをおすすめします。

最近ではパネル自体がだいぶ安くなっているので、5kW以上をつけた場合、10年以内に投資した分が回収できるようになりました。それ以後はプラスになります。

太陽の熱を利用するものといえば、「太陽熱温水器」を取り入れる手もあります。

太陽熱温水器は以前（といってもかなり昔になりますが）、販売員が一般の家に訪問して強引に売りつけたため、悪いイメージが定着してしまったせいか、太陽光発電に比べて利用者があまり増えていません。

一時期、この温水器をつけている家は、訪問販売で無理に売りつけることができる家として販売員から目印にされていたとも言われています。また、太陽光発電は国の補助金が出ているので、どうしてもそちらに目がいってしまいます。

しかし実は、太陽のエネルギーを変換する効率と省エネ効果は、太陽熱温水器のほうが優れているのです。太陽光発電よりも初期費用が安いですし、屋根に３平方メートルのスペースがあればすぐに取り付けることができ、エコで省エネです。

現在、２つのタイプが流通しています。

ひとつは従来型の、集熱器も貯湯タンクも屋根に置く方式のものです。お湯を使ったら自動的に水が補給されるので、手間がかかりません。

もうひとつは、屋根の負担を軽くできるタイプです。従来型はかなりの重量があるので、構造上、屋根がもたなかったり、傷みが心配な場合はこちらを使います。水を屋根に循環させるのではなく、屋根の集熱部にある不凍液を温めて、下に置いてあるタンクの中にある水を温めるというしくみです。こちらのほうが値段は高くなりますが、屋根には優しい温水器と言えます。

導入する場合は、ご自身の住宅に合わせて選んでください。大手では朝日ソーラーが販売しています。

太陽熱温水器のしくみ（屋根への負担が軽いタイプ）

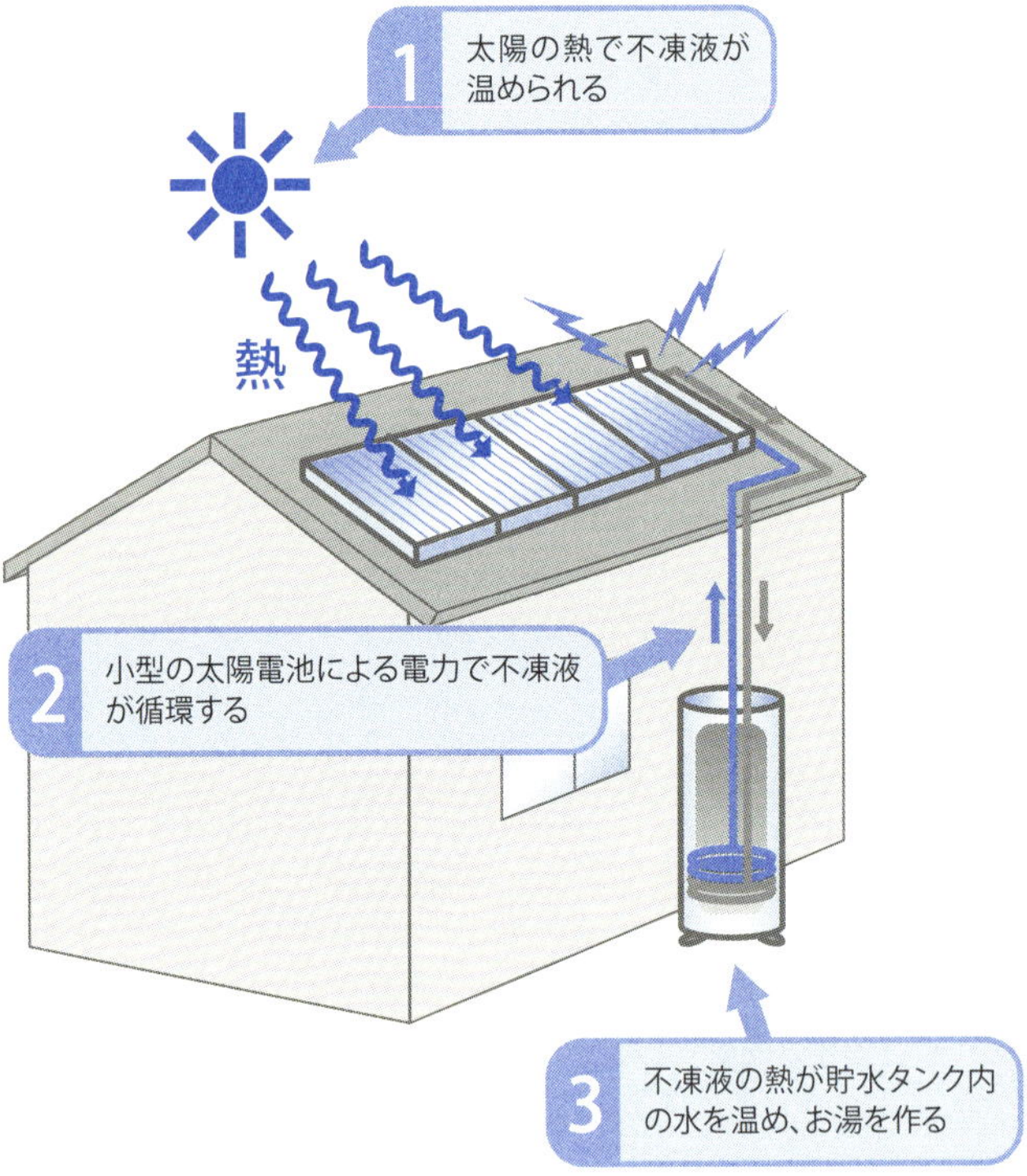

出典：朝日ソーラーHP（http://cs.asahisolar.co.jp/product/onsui/solare21.php）より作成

COLUMN

日本の家に見られる工夫❸
――用途が広がる「田の字」型の家

古民家によく見られる、田の字型の家をご存じでしょうか。その名の通り、「田」の字の形に間取りが区切られた家のことです。

現代の一般的な間取りと比べるとてもシンプルなつくりで、無駄なスペースができにくく、建築コストも抑えられるという特長があります。

そもそも日本家屋には堅固な仕切りというものがありませんでした。江戸時代に町家が発達し、食事や就寝のための部屋が民家につくられるようになってからも、現代の家のように部屋が壁で区切られておらず、障子やふすまなどの建具で仕切られていました。

壁と違って障子やふすまは、開閉によって通風を調節することが可能です。また、仕切りとしての役割が不要になれば、まるごと取り払って広い部屋をつくり、別の用途に使うこともできます。冠婚葬祭で家に人が集まることの多かった昔は、そのようにして自宅に大広間をつくっていました。

昔の人はこうして、夏と冬の温度を調節したり、使い勝手を良くしたりしていました。

現代的に考えれば、大がかりな工事をせずに、住む人のライフスタイルに合わせて間取りを変更できるというわけです。

このような形に家をつくると、単純な形状のため表面積が小さくなり、熱損失が抑えられます。また、単純な箱形を集めた形状は揺れに対して強く、高い耐震性や耐久性も実現することができる優れものです。

暗くて風通しの悪い廊下がないのが、田の字型の家の特長のひとつですが、廊下がない家は部屋が通路になってしまうため、プライバシー確保の点で問題があります。

しかし最近では、廊下のある田の字型のプランや、現代的な間取りのプランもあるので、家族の成長に合わせて将来的にリフォームを考えている方にはおすすめの住宅です。間取りをフレキシブルに変えたい方は、検討されてみてはいかがでしょうか。

田の字型の家（例）

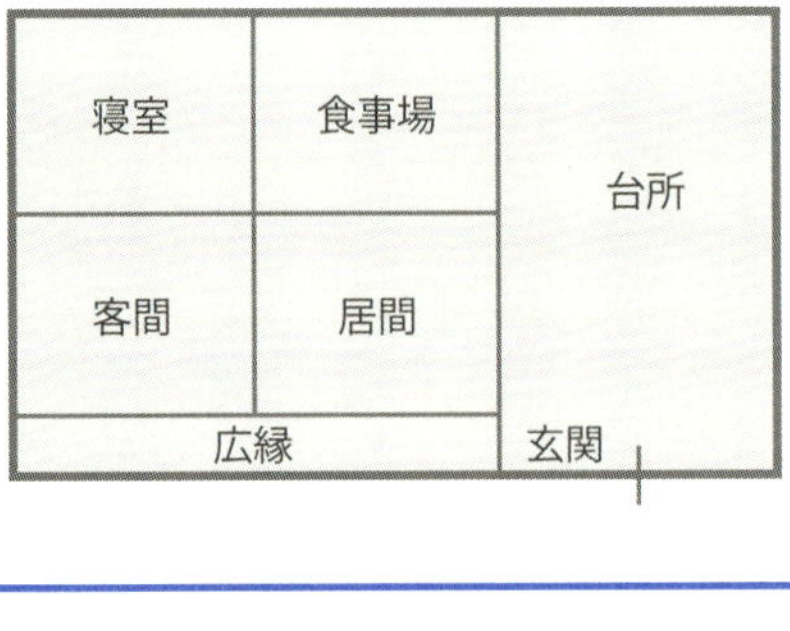

PASSIVE DESIGN

第4章

自然の力で年中、風通しも日当たりもいい、家づくりのコツ

～間取りの工夫からリフォームの注意点、業者選びまで

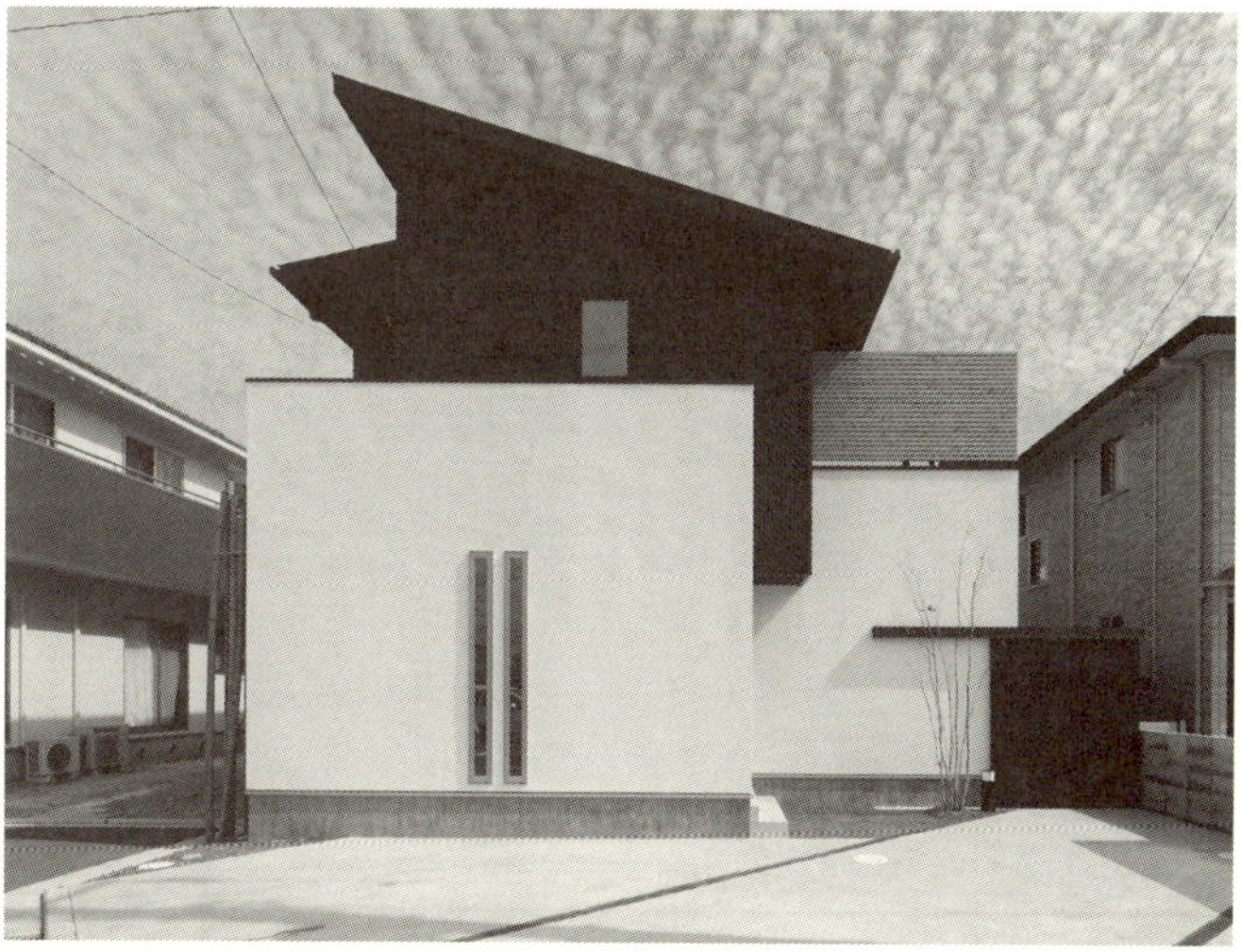

愛媛県伊予郡松前町　「風を取り込む中庭のあるお家」

快適に住むための間取りの工夫

この章では、パッシブデザインを使った省エネ住宅を実現させるための具体的な方法をご紹介します。実際に家を建てようと思ったとき、どのような点に注意して設計すれば良いのかを見ていきましょう。まずは間取りを考えるときの注意点からスタートです。

南側に日当たりのいいリビングが定位置

家族が集い、一日のうちで多くの時間を過ごす場所であるリビングは、いちばん明るい場所、つまり南側に置くのが基本です。設計するときは最初にここから決めていきます。

家の南側が開けている環境であれば問題ありませんが、場所によっては近隣に建物があって、日差しがあまり取れない場合もあるでしょう。そのようなときは、ただあきらめるのではなく、明るさを取り入れる工夫をします。

例えば、第3章でお伝えしたような、吹き抜けや天窓をつくるといった工夫です。2階の窓から光を入れて、吹き抜けで1階のリビングまで届くようにしたり、高いところや壁の横に窓を設けるなどして、明るさを確保することができます。

場所によっては、南側にリビングをつくらないほうがいい場合もあります。南側が極端に狭かったり、あまり見たい景色ではないといったケースです。

もし北側が開けているのであれば、リビングとダイニングをひとつにして広い空間をつくり、ダイニング側から光を取り入れるようにします。北側にリビングを、南側にダイニングを置き、内装の色を工夫して光を反射させれば、リビングにも明るさを届けることが可能です。

あるいは、リビングとダイニングを東西に並べて奥行きを減らしてつくり、南北両側に窓をつくれば明るさを取り入れることができます。

南側に建物が隣接している場合の工夫（例）

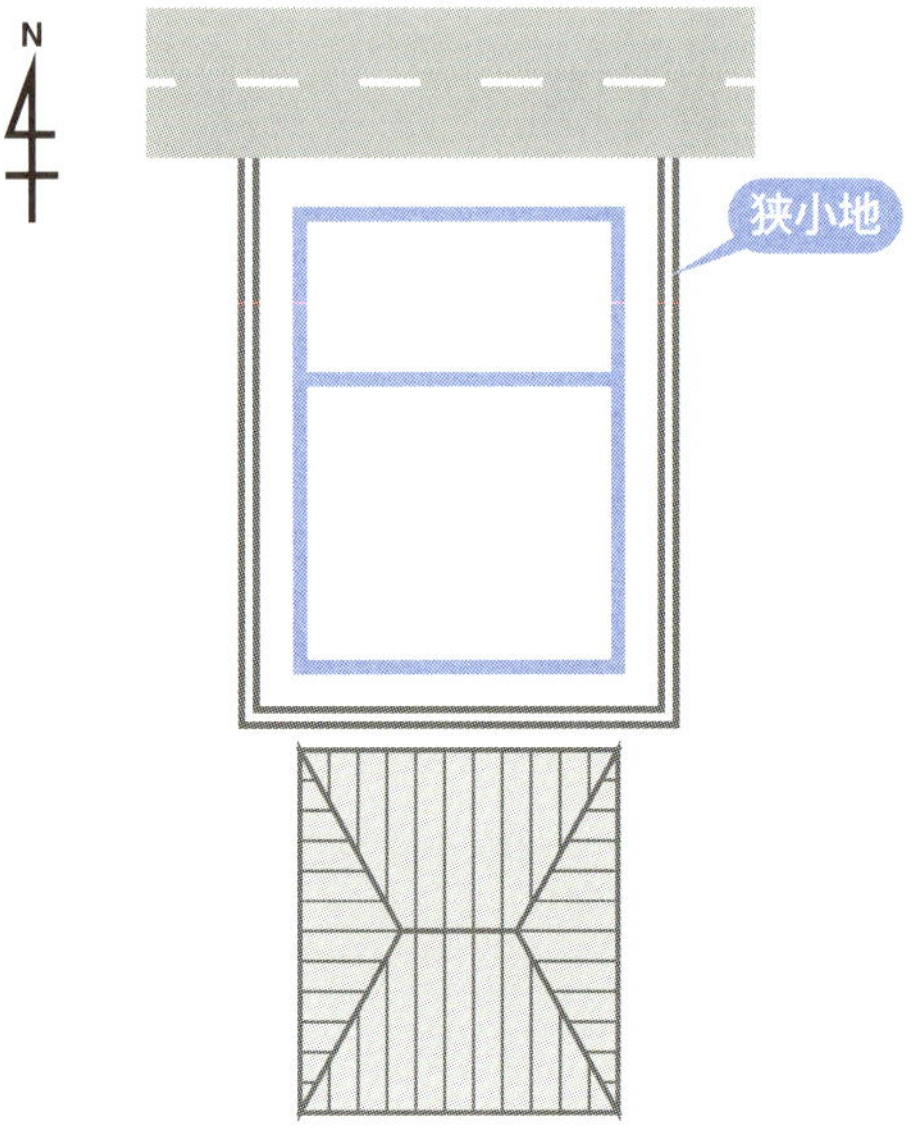

吹き抜けを使い、1階の奥まで光を導き入れる

北側にリビングを配置する間取り（例）

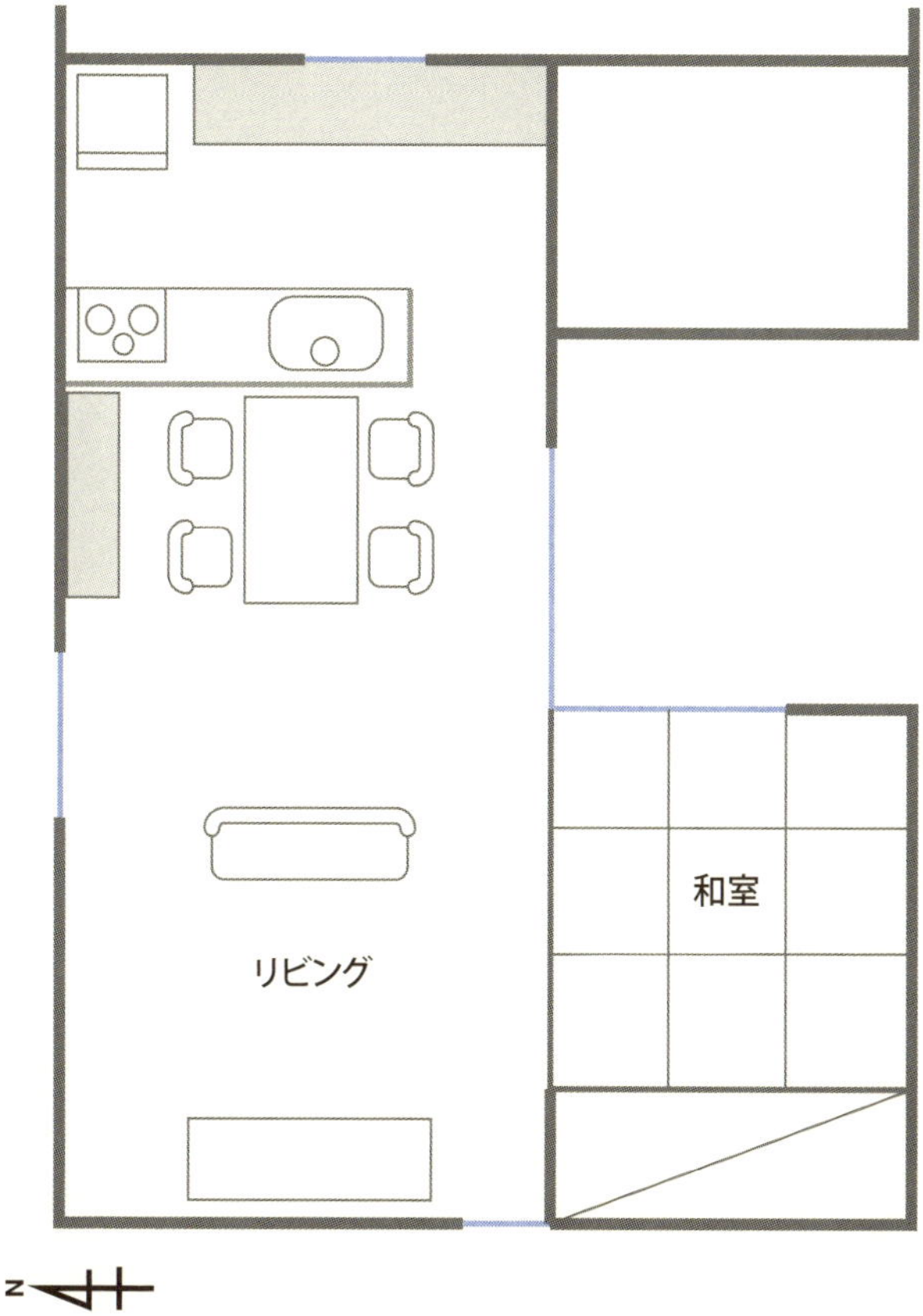

リビングダイニングを敷地の北側に寄せ、南側にできる限りスペースを確保し、中庭を作る。中庭からリビングダイニングへ光を取り込む計画

キッチンは風通しを良くして

キッチンの配置で第一に考えるべきなのが、風通しの良さです。キッチンは料理をする場所なので、熱や匂い、湿気が発生しやすいのが特徴です。しかも動線の行き止まりになりやすいので、空気が滞留し、熱気や湿気がこもりやすくなります。

コンロだけでなく、冷蔵庫や電子レンジなどの家電製品からも熱が出ますし、流し台で水を使うことで湿気もこもりやすくなるので、風通しに配慮することはとても大切です。

最近では、ダイニングやリビングとひとつながりの空間に設置される「オープンキッチン」が多くなっています。オープンタイプのキッチンはリビングからの風を受けやすくはなりますが、配置によっては料理をするときの使い勝手が悪くなる場合もあるので、その点もよく考えて設計しましょう。

また、キッチンでは調理器具を壁側に並べて置いて使うことが多いでしょうから、そのことも考慮しつつ窓の配置を考えましょう。風の通り道を調べて、風の入り口と出口をつくるようにしてください。

風通しの良いキッチンの窓の配置（例）

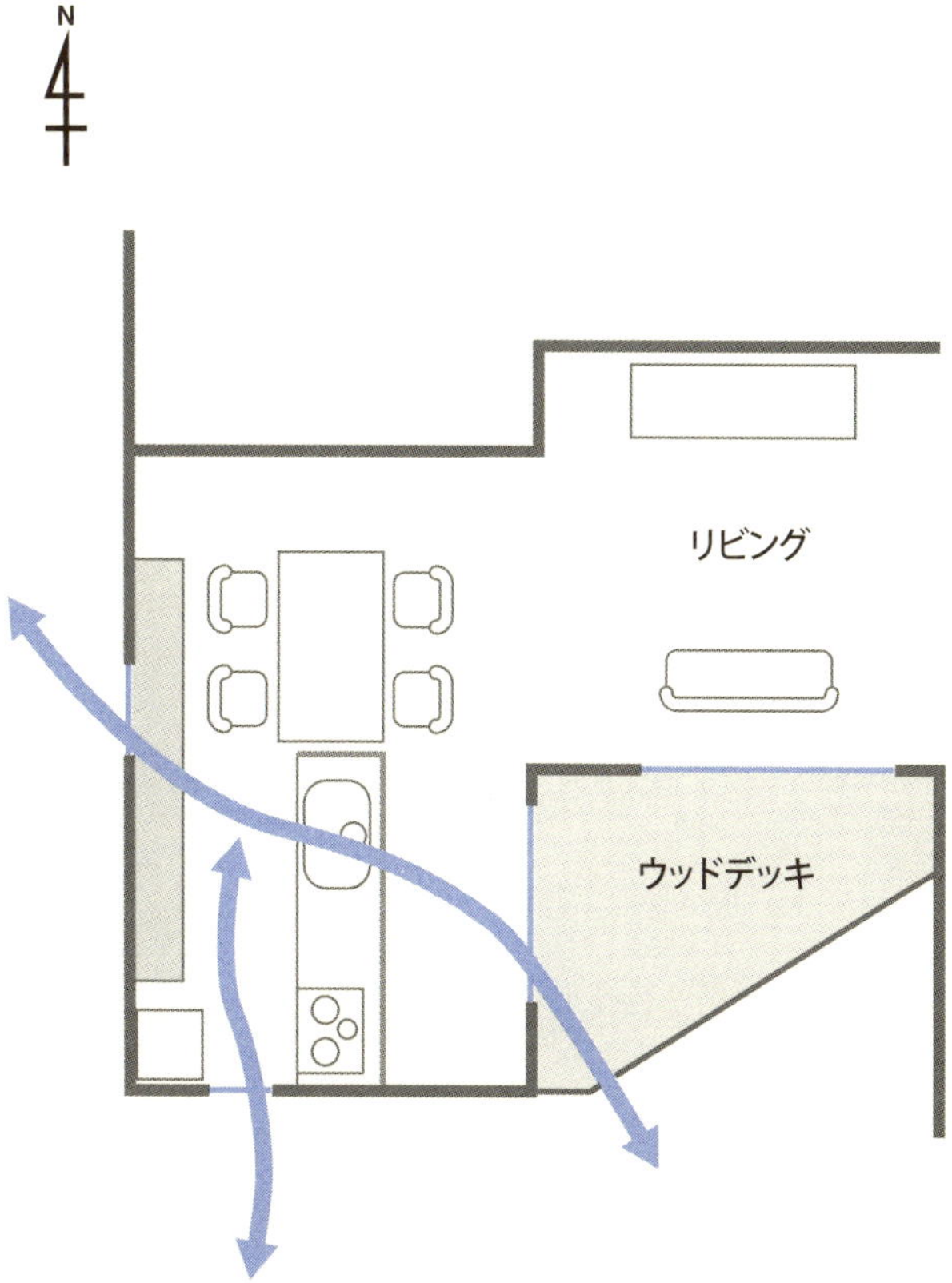

熱気や湿気がこもらないように風の通り道をつくる

夏の夜に涼しい寝室をつくる

冬の寒さについては家の断熱性能を高めることで対処するため、寝室は夏の夜に涼しい部屋にすることを考えて設計します。

例えば2階建ての家の場合、最上階である2階は屋根からの熱の影響を受けやすいうえ、熱は上のほうに溜まる傾向があるため、部屋に熱がこもりやすくなります。また、西側よりも東側にある部屋のほうが涼しくなります。東側は午前中には日が当たりますが、夜までには暖まった空気が冷やされるからです。

したがって、寝室の場所としては1階の東側がベストな配置となりますが、他の部屋の都合もあるでしょうから、優先順位を考えて設計するとよいでしょう。

そのほかにも、夏の暑さを防ぐ方法はこれまでにいくつか紹介しましたが、ここでもう一度、おさらいをしておきましょう。

- 昼間に日が当たらないようにしっかり日射を遮蔽する
- 夏の夜に吹く卓越風を取り込む設計、窓の配置にする

お風呂や洗面所に窓をつけて明るくする

お風呂や洗面所は狭いうえ、北側につくられることが多く、あまり日の光が入りません。また両方とも湿気がこもりやすいので、風通しにも気を配る必要があります。

そこで窓をどうするかですが、お風呂は窓を開けやすい位置にひとつ、そして高いところにもうひとつつくるのが理想です。換気扇だけで湿気を取るのは難しいので、可能な限り、窓をつけるようにしましょう。

洗面所は、洗面台のほかに洗濯機や生活に必要な雑貨も同時に置くことがほとんどですから、それらのスペースも確保しなければいけません。そこで、洗濯機や洗面台などの上に棚をつくり、その上に横長の窓をつけるのがおすすめです。

直射光は入らなくとも、自然の光が入ると雰囲気も変わります。

流行の設計様式には注意が必要

最近は吹き抜けをつくったり、階段をリビングからつくるなど、新しい設計様式を

配慮の行き渡った間取り（例）

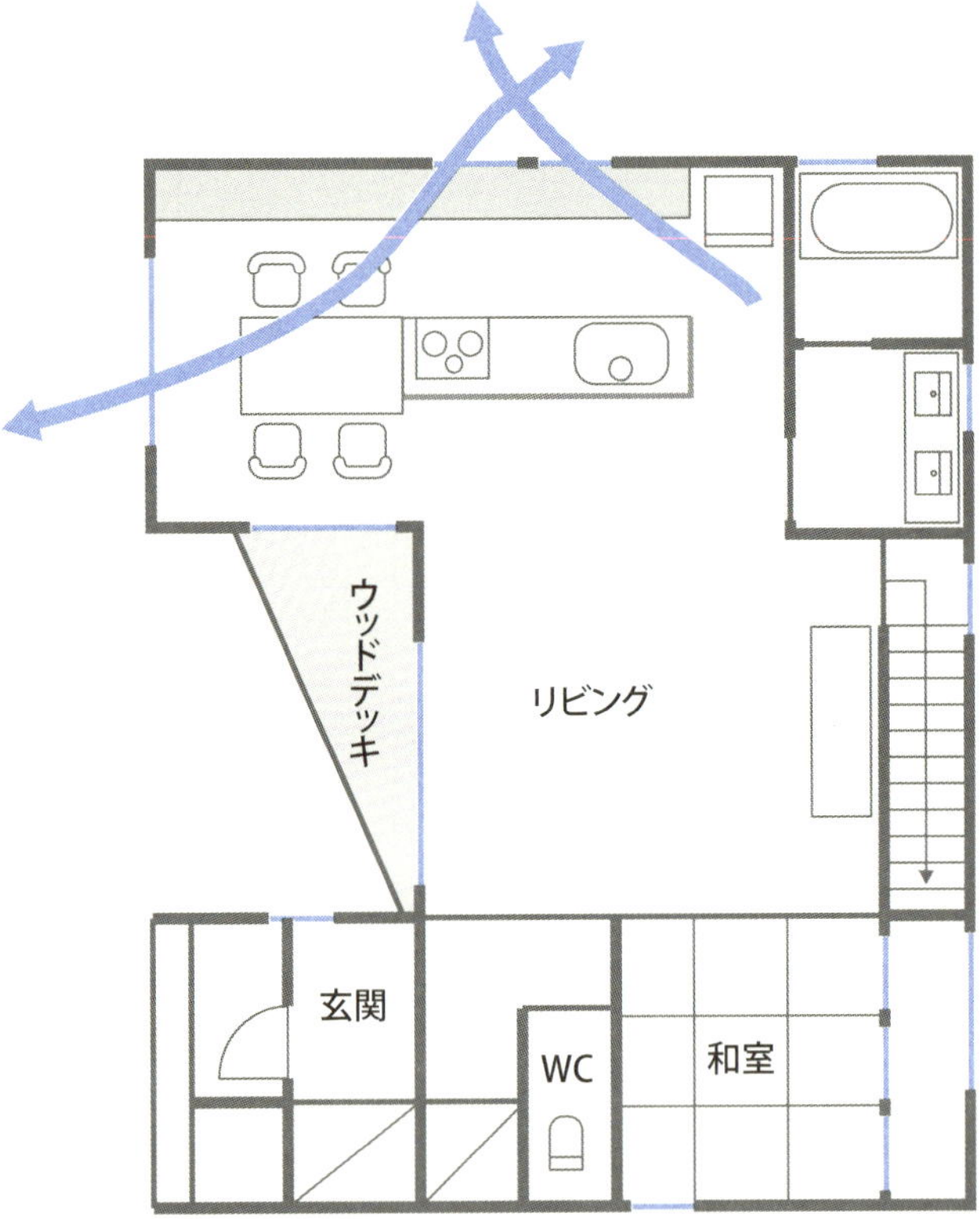

南面からの日射取得と、コの字型の家の形と窓の配置でしっかりと風を取り込む間取り。キッチンは通風と昼光利用、和室は北の窓で夏は涼しい風と光を取り込む落ち着いた空間に

取り入れて家づくりをする人が増えています。

吹き抜けがあると開放感があって気分が良いですし、明るくて風通しもいいのですが、断熱性能を充分に確保できない場合、冬は熱が逃げやすいので対策を講じる必要があります。とくに北側につくるのはおすすめしません。2階から冷気が下りてくるからです。

また、階段をリビングにつくる場合も、熱が2階に逃げてしまうので、冬の間はリビングと階段の間に閉められる引き戸などをつくっておくといいでしょう。充分に断熱できない場合は、部屋を小刻みにして狭い範囲を暖めるようにすることが効果的です。夏は開けておいて、風が通るようにすれば快適に暮らせます。

PASSIVE DESIGN

水回りで気をつけたいこと

ここから室内の場所別にポイントを解説していきます。まずは水回り関連です。

キッチン

パッシブデザイン要素はココ
換気　気密　断熱　昼光利用　通風　日射遮蔽　日射取得　輻射

最近では間取りの工夫や窓の配置によって、キッチンが明るい家も増えてきましたが、まだまだ北の端に配置されたような暗いキッチンが多くあります。家事をこなす人が長時間過ごす場所なので、風通しを良くするとともに、足腰への負担や冷えに対する配慮も必要です。

具体的な対策方法としては、床材の選び方に注意します。例えば、足への負担やヒ

採光・通風の確保されたキッチンの配置（例）

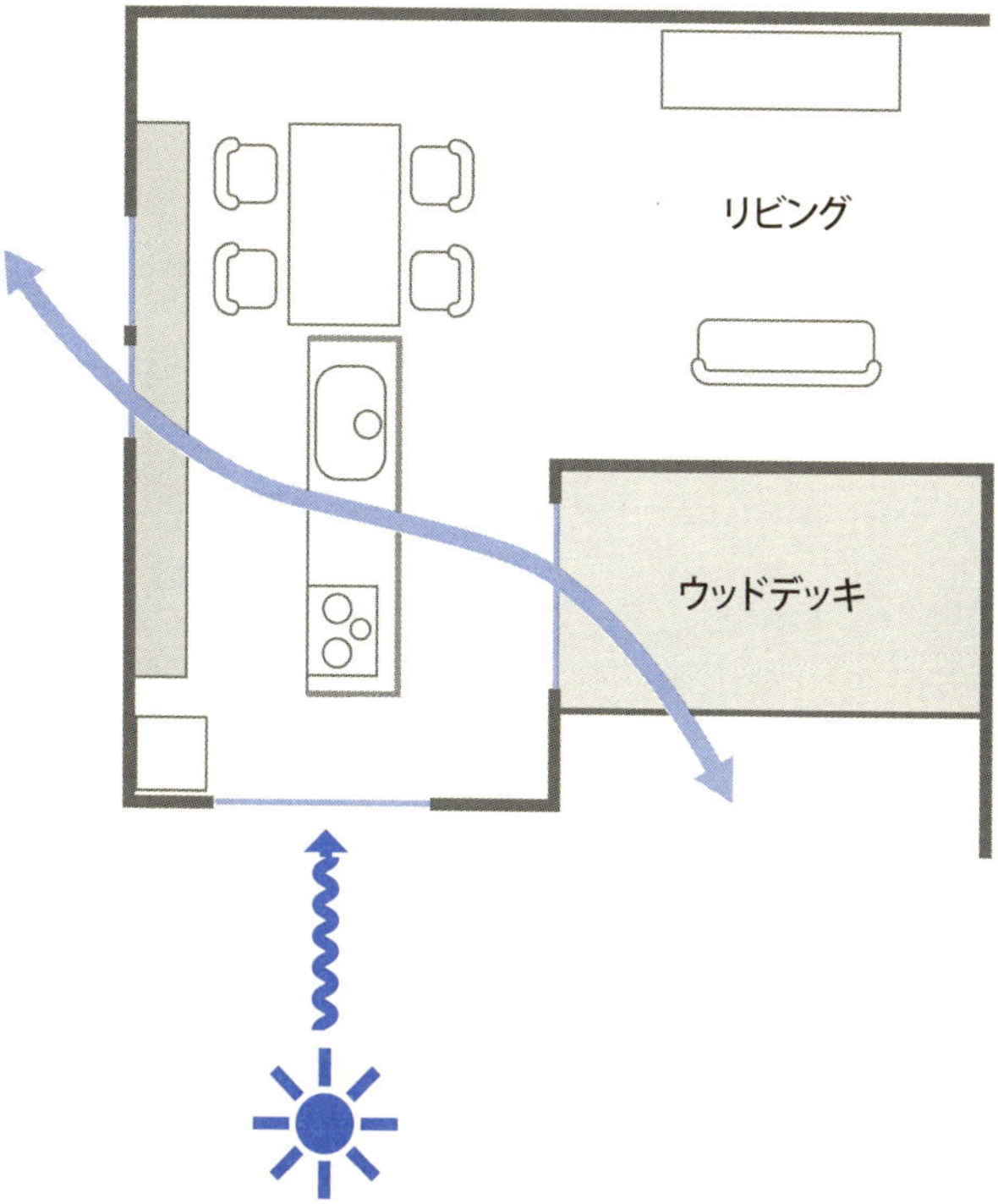

対角に配置された窓から風と光をしっかりと取り込む、明るく、湿気を逃がしやすいキッチン。キッチンに立つと、正面の窓から見えるウッドデッキが広がりを感じさせてくれます

ンヤリ感の軽減のために、柔らかい針葉樹を使うという手があります。明るさをしっかりと確保し、風がきちんと通り抜けるよう、窓の配置にも気を配りましょう。

また、家全体を換気する換気システムと、料理用の換気扇は別々に計画する必要があります。料理用の換気扇はかなり強力で、家の換気システムのバランスを崩してしまう恐れがあるためです。

浴室・トイレ

パッシブデザイン要素はココ　換気　気密　断熱　昼光利用　通風　日射遮蔽　日射取得　輻射

浴室の特徴は、何と言っても湿気が多く溜まることです。これは場所の性質上、避けられません。家の中で最もお湯を使うので水気が多く、熱も充満する場所になります。暗く、カビが発生しやすいのも特徴です。

注意しなくてはいけないのが、冬に寒さを感じる場所だということです。裸になるので気温の変化を非常に感じやすく、ヒートショック対策も欠かせません。

トイレの最大の特徴は、臭いがこもることです。また、水を使うので湿気も溜まります。使用するのは一日のなかでも限られた回数、時間であるため居室とは切り離された空間になりやすく、居室とは違った温度変化をする場合がほとんどです。

冷暖房を積極的にする場所ではないので、居室と比べて夏は暑く、冬は寒くなります。全館換気システムを導入している家でも、トイレは局所換気するために換気扇を設置している場合が多く、そうするとやはり冬は最も寒い場所となります。

具体策としては、お風呂は間取りの位置を検討し、風を通しやすい場所に配置することが肝心です。

トイレに関しては、換気計画をしっかり立て、窓の種類にも配慮します。横すべり出し窓を使えば、雨などの天候を気にすることなく、常に緩やかに換気することができます。横すべり出し窓と似た使い方ができるジャロジー窓（ガラスルーバー窓）は使用を避けたほうが良いです。防犯性、及び、気密・断熱性能が低いためです。

家全体のなかで、風呂・トイレはほとんどの場合、最も室温の低い部屋になります。風呂・トイレの最低室温を上げるのに最も効果的なのは高い断熱性能を持たせることです。家全体の断熱性能向上によって、積極的に冷暖房をしなくても快適な環境が維持できるようにしましょう。

浴室やトイレなどは死角になるスペースが多いので、窓をつけるときは注意が必要です。窓には防犯機能もあるので、その点もあわせて考えておきましょう。浴室や洗面所などでよく見られるのが、格子のついている窓です。これならば、風や光を取り入れながら防犯ができます。

それ以外にも、侵入できない高さに窓をつけたり、人が入れない大きさの窓をつくる手もあります。

洗面所・脱衣所

パッシブデザイン要素はココ
換気 気密 断熱 昼光利用 通風 日射遮蔽 日射取得 輻射

洗面所や脱衣所は浴室と隣り合わせにつくられることが多いため、浴室ほどではありませんが、湿気や熱がこもりやすくなります。また、ここで服を脱ぐ場合が多いので、気温の変化を敏感に感じる場所でもあります。

そのような場所であるにもかかわらず、積極的に冷暖房をすることが少ないため、夏は暑く、冬は寒い場所になりがちです。

通風、防犯に配慮した浴室・洗面・脱衣場（例）

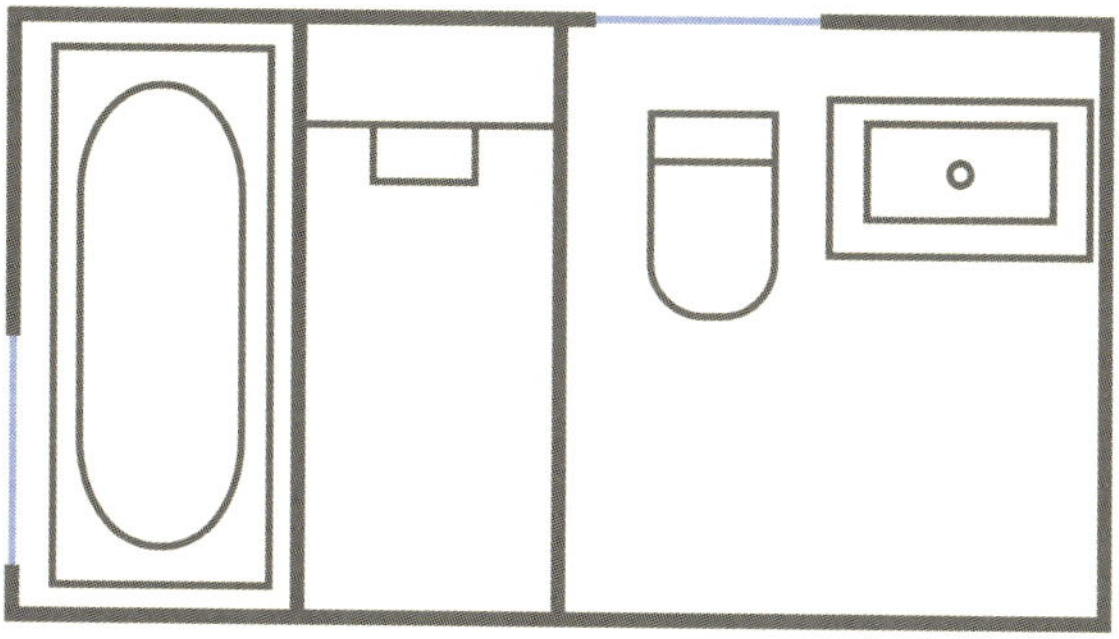

格子付きの窓（例）

風通しの良い場所に窓を配置するとともに、人が侵入できないような高さ・大きさにしたり、格子付きの窓にしたりして、防犯やプライバシーにも配慮する

工夫の仕方はトイレと同じです。換気計画をきちんと立て、窓の種類も検討し、高い断熱機能によって、積極的な冷暖房をしなくても快適な環境を維持できるようにします。窓は浴室・トイレと同様に横すべり出し窓を採用すると使い勝手が良いでしょう。また、家全体の中でも室温が低くなりがちな部屋になるため、家全体の断熱性能の向上が非常に効果的です。

PASSIVE DESIGN

部屋別の傾向と対策

ここでは、各部屋を設計する際にありがちなことと、気をつけたいことをお伝えします。

リビング・ダイニング

パッシブデザイン要素はココ
換気 気密 断熱 昼光利用 通風 日射遮蔽 日射取得 輻射

リビングは家族が集まる場所として、家の中で最も大きなスペースになることが多く、快適な場所にしようという意識が働くのですが、空間が大きいと冷暖房が効きにくくなるので、しっかり対策をしましょう。

ダイニングはリビング同様、家族がよく集まる場所ですが、リビングと比べるとキッチンとの距離が近いので、料理をするときの熱や匂いを受けやすくなります。風通しに配慮しましょう。

明るいリビングにするためには、大きな窓からの採光が欠かせません。積極的に日射取得できるよう、窓の配置にも注意しましょう。断熱性能が高ければ、大きな窓からの熱で部屋全体を暖めることも可能です。昼の間は暖房を使うことなく快適な室温を維持することも可能ですので、冬季の日射取得の検討は充分にしましょう。

広さに適したエアコンを選ぶことも大事ですが、断熱・気密性能の高い家にすれば6畳用のもので充分です。目安として、断熱等級4を超える住宅では、20畳～24畳程度の一般的な広さのＬＤＫであれば、6畳用エアコン1台で充分冷暖房することが可能になります。

ただし、窓を大きく取り過ぎると夏は暑くなってしまいます。軒・庇をしっかりとったら、外付けブラインドを設置する等、日射遮蔽を十分に検討してください。

ダイニングスペースに窓を取れない場合は、キッチンとリビングからしっかり通風、採光できるようにしましょう。

大きな窓を配置したLDK

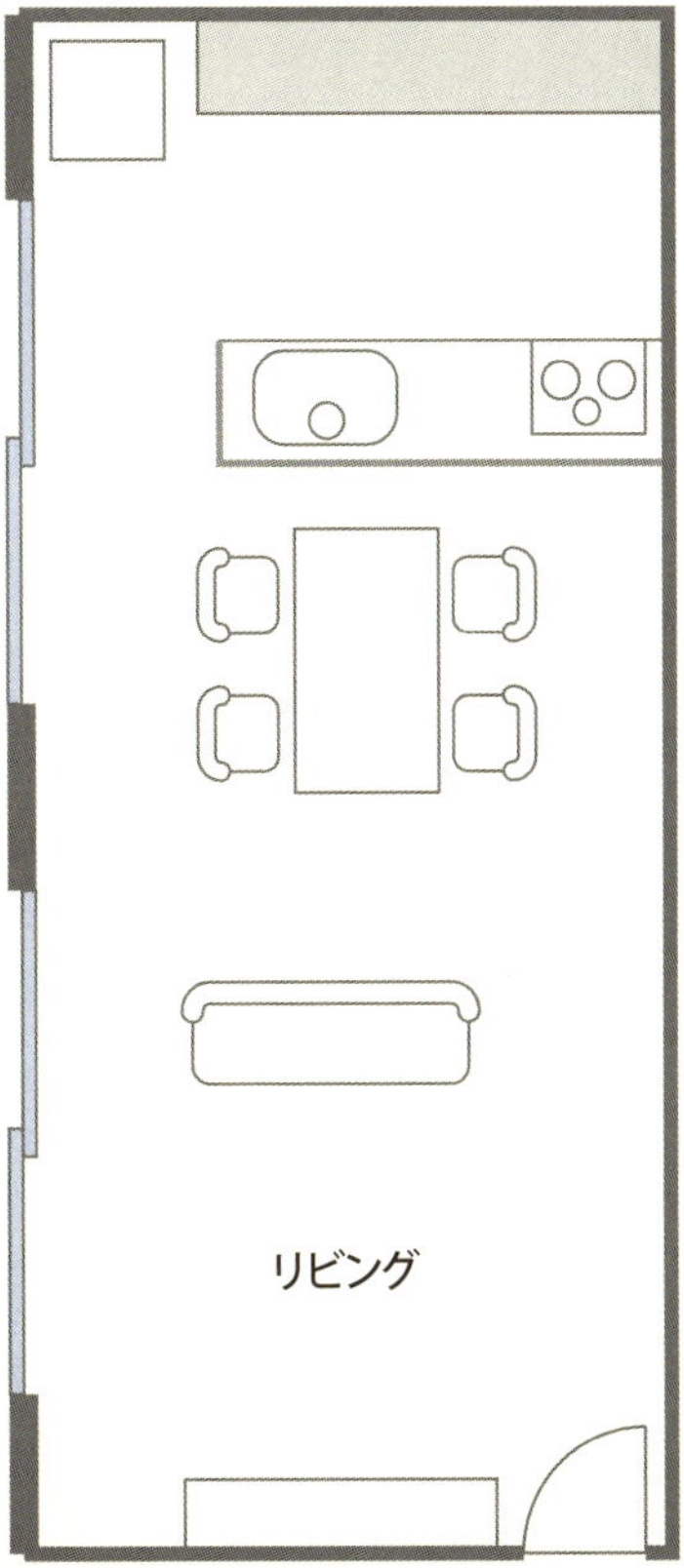

家の南側にリビング・ダイニングを配置し、南側には大きな窓を作り、太陽の光を取り込む。冬は太陽の熱が部屋を暖め、明るさも充分に確保。ただし、南の窓には必ず軒・庇を設置すること

子ども部屋

パッシブデザイン要素はココ
換気　気密　断熱　昼光利用　通風　日射遮蔽　日射取得　輻射

自分の部屋を持つことができなかった親は、子どもに大きな部屋を与えようとする傾向があるようです。その場合、スペースを余分に取りがちになる場所と言えます。明るい部屋のほうが勉強をしやすいと誤解している場合も多く、南側の特等席を子ども部屋が占めている家も少なくありません。

しかし実は、南側の太陽は強過ぎて、勉強や読書、作業には不向きです。子どもが大人になって家を出ると、使い道がなくなってしまうことも考えられます。

個人で使う部屋が必要な期間は、小学校高学年から高校くらいまでの10年前後です。そのような観点から考えると、小さ目な空間にしたり、別の用途に転用することを前提にして間取りを決めるといいでしょう。

子ども部屋の場所としておすすめなのは、勉強や読書、作業に適した北側の部屋です。場所を決めたら、光や風を取り込めるように窓の配置を考えます。4畳半の広さがあれば、ベッドと机、収納家具がおさまります。ベッドと荷物を置くためだけの場

子ども部屋を北側に配置（例）

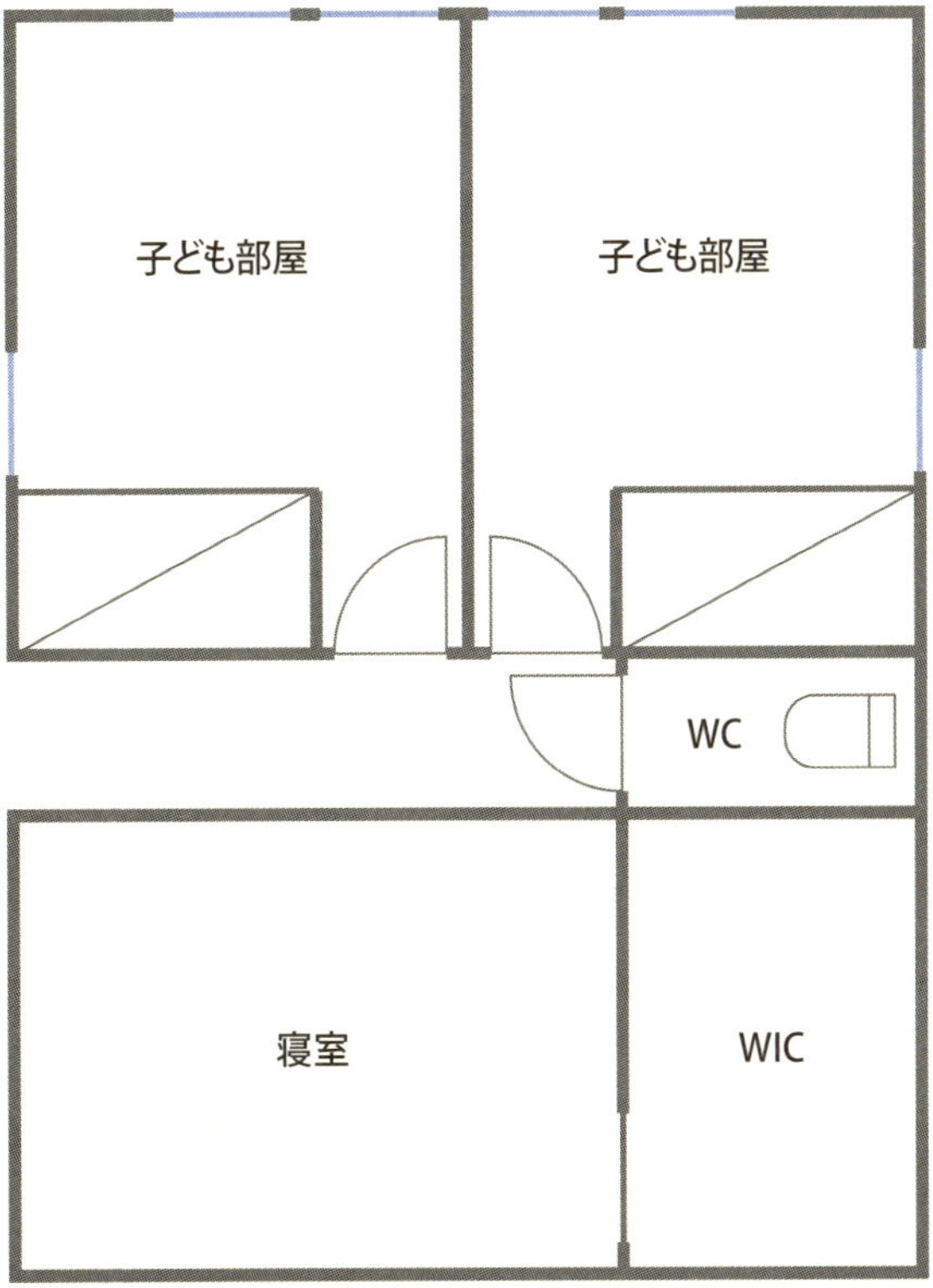

各部屋で通風が確保できるよう、窓を対角にとる。真ん中の壁は新築時には作らず、子どもの成長に合わせて壁を作るようにする場合も。壁ではなく収納などで仕切り、2つの部屋の空気が行き来できるようにしておけば、1つの空調で2つの部屋を冷暖房することも可能です

所であれば3畳の広さで充分といえます。

書斎

パッシブデザイン要素はココ

換気 気密 断熱 昼光利用 通風 日射遮蔽 日射取得 輻射

書斎のある家はあまり多くないかもしれませんが、書斎を持っている場合でも、その存在価値は低く見られがちです。夫婦の力関係にも左右されますが、往々にして環境の良くない場所に追いやられ、暗くて狭いスペースとなります。

優先順位が低くなる場所とはいえ、窓のない書斎コーナー等はあまりおすすめできません。暗くてじめじめした場所にならないよう、小さくてもなるべく窓を設置できる場所につくりましょう。狭く、家の端に追いやられたような配置になっている場合、書斎単体で窓を2つ設けて、通風を確保することが難しくなります。

書斎の外にある窓と書斎の窓をうまく使って、家全体を視野に入れながら通風計画を立てると良いでしょう。

上手な書斎の配置（例）

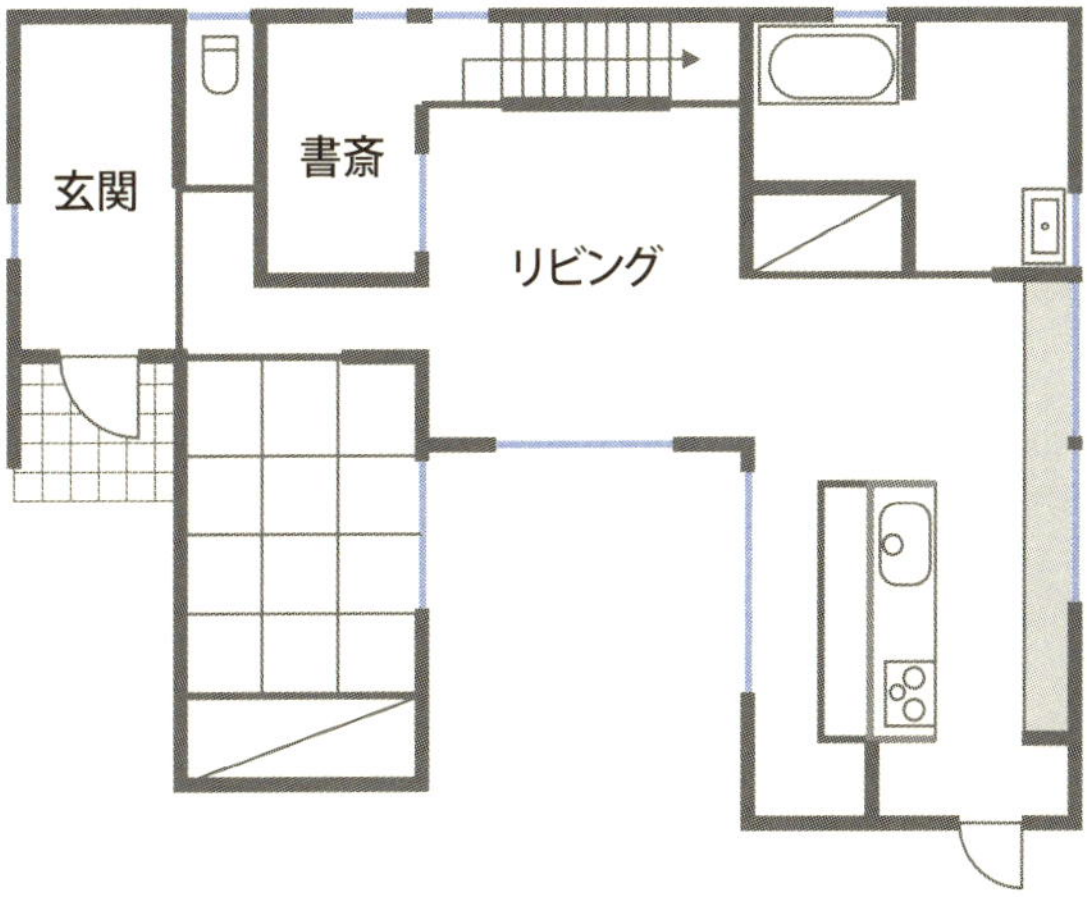

主役になりにくい書斎は、階段の下などの空いたスペースに確保する場合が多いです。こもった暗い場所になりがちなので、しっかりと通風できるよう窓の配置を変更したり、書斎を部屋にするのでなく、書斎コーナーとしてホールやリビングの一部に確保するのも良いです

寝室

パッシブデザイン要素はココ
換気 気密 断熱 昼光利用 通風 日射遮蔽 日射取得 輻射

夜にしか使わない部屋ですが、だからといって対策を怠るとヒートショックが心配です。布団の中と外で温度差が大きくなるので、寝室は室温を19度以上に保つことが理想です。そのためには、断熱性能のレベルが国の基準を上回るようにする必要があります。

ただし、建築コストとのバランスを考えると、無暖房時の最低室温が15度以上になるようにするのがおすすめです。これが光熱費を抑えつつ、健康な住宅環境を実現できるラインと考えてください。

寝室が北に面している場合は、北面に大きな窓は設置しないようにしましょう。年間を通して、室内から外へ逃げる熱が大きくなってしまいます。

起床時の爽快感のために朝日を取り込む目的で東側に大きめの窓を設置することを希望する方が多いですが、高断熱高気密の住宅の場合、室内に直接入り込んでくる日射は、過剰な熱以外の何ものでもありません。適度な室温を維持し、快適な生活を送

良い寝室（例）

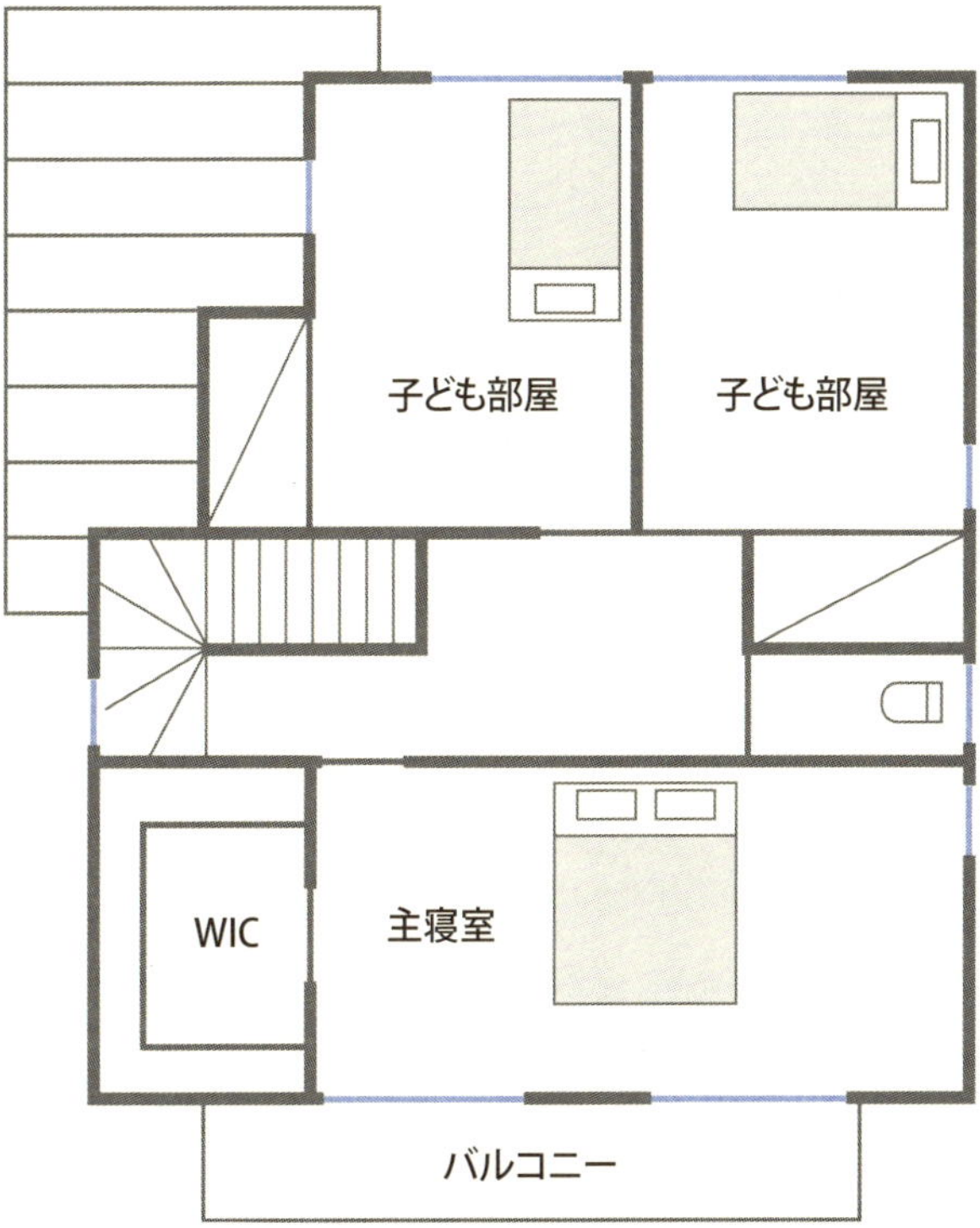

寝室が南側に配置され、太陽の光を取り込める間取り。冬は日中の室温の低下が緩やかになり、夜にカーテンをしておけば就寝時の室温の低下を抑えられる。部屋の対角に窓が配置してあるため、夏は窓を開ければ風がよく通り抜け、こもった熱を排出することができる。また、2階にあるので、夜の間窓を少し開けておき、熱気を逃がすことも可能

るためには、夏は直射日光を入れず、冬は充分に直射日光を招き入れることが重要です。

ロフト

パッシブデザイン要素はココ

換気　気密　断熱　昼光利用　通風　日射遮蔽　日射取得　輻射

ロフトは楽しさを演出したり、空間を有効に使うことができる場所です。しかし、屋根からの熱が直接伝わってくるため、断熱・気密が充分でない場合、夏はとくに輻射熱（遠赤外線の熱線により、直接伝わる熱のこと）に悩まされることになります。

また、暖かい空気は上に溜まる性質があるので、冬は暖かくていいのですが、夏は輻射熱と暖かい空気によって灼熱の空間になりがちです。


ロフトを快適な空間にするにはいくつかの方法があります。

ひとつは、高窓を設置して効率よく換気をすることです。暖まると軽くなり、上へ上へと昇っていく空気の性質を利用し、暖まってしまった空気を高い位置の窓から排出します（「重力換気」という手法です）。

良いロフト（例）

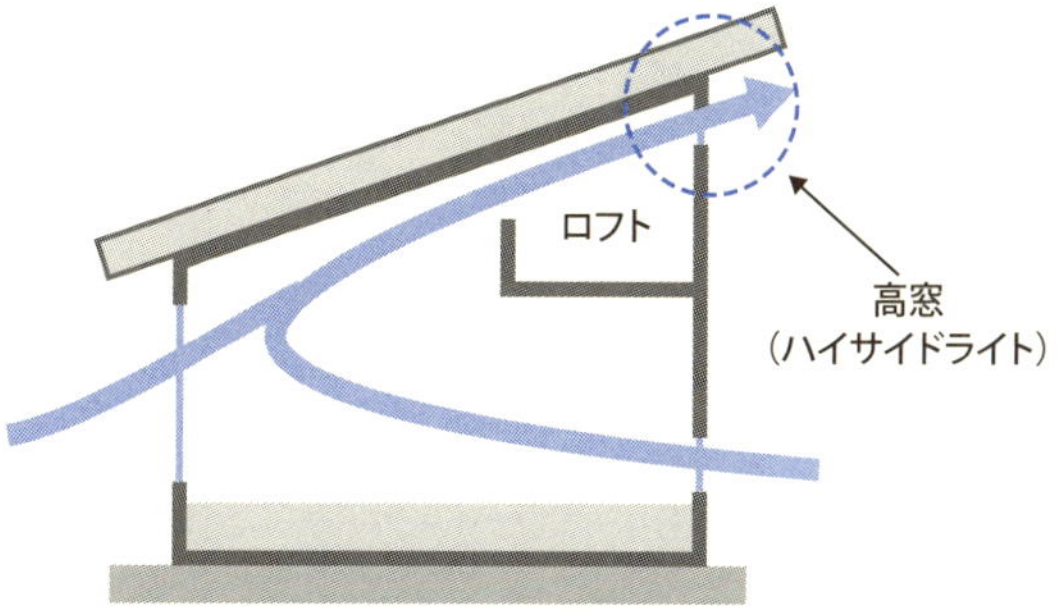

ハイサイドライトを設置することで、家全体の排気を効率よく実現することができる。大きな部屋（リビングなど）に連続したロフトであれば、この図のようにリビング全体の通風や換気を強化することができる

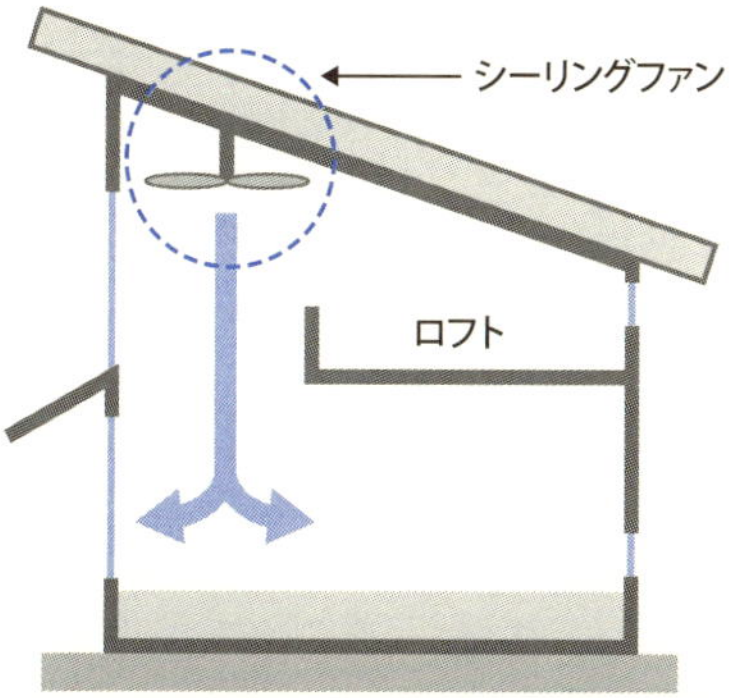

ロフトのある空間は天井が高いため、天井と床の気温差が大きくなりやすい。断熱性能が高くとも、空気を循環させるしくみのない家だと、温度差が大きくなってしまう。上下の温度差を解消するために天井にシーリングファンを設置したり、床にサーキュレーターを設置することで、快適性が増す

もうひとつ、屋根からの熱を防ぐためにしっかりと断熱をする手もあります。冬は暖かい空気がロフトに溜まってしまうので、下からサーキュレーター（直進性の高い風を発生させて室内の空気を循環させる機器）を使ったり、シーリングファン（天井に取り付けて使う、室内の空気を循環させるための羽のようなもの）を設置して部屋の空気をよく混ぜると、上下の温度差が緩和されて快適になります。

さらに断熱気密を高めていくと、天井からの輻射、壁や床からの熱の流入を抑えられて、極端な輻射熱を受けることも、室内の空気が暖められることもなく、上下の温度差も発生しない環境をつくることができます。

このレベルまで断熱性能を向上させると、室内に侵入してくる直射日光が室温に大きく影響します。家自体が熱をしっかりと保持できるため、たとえわずかでも直射日光が入り込むと、とたんに室内温度が上昇してしまうのです。こうなると、夏は直射日光を室内に入れず、冬は室内に直射光を招き入れるような設計が必要になります。

廊下

パッシブデザイン要素はココ
換気 気密 断熱 昼光利用 通風 日射遮蔽 日射取得 輻射

お風呂やトイレと同様、廊下は積極的に冷暖房をする場所ではないため、また、家の中心に配置されて窓がないことが多いので、夏は暑く、冬は寒くなりがちです。ヒートショックに気をつけなければいけません。

廊下のスペースが広いと、部屋の数に対して総建築費用が高くなるため、間取りにも注意が必要です。

建築費用を抑えつつ、家全体の温度を一様にするためにも、できるだけ廊下のスペースが少ない間取りにするのが得策です。

また、断熱気密性能を向上させることによって、場所による温度のばらつきが出にくくなり、廊下の気温も他の居室に近づいていきます。

廊下の良い配置（例）

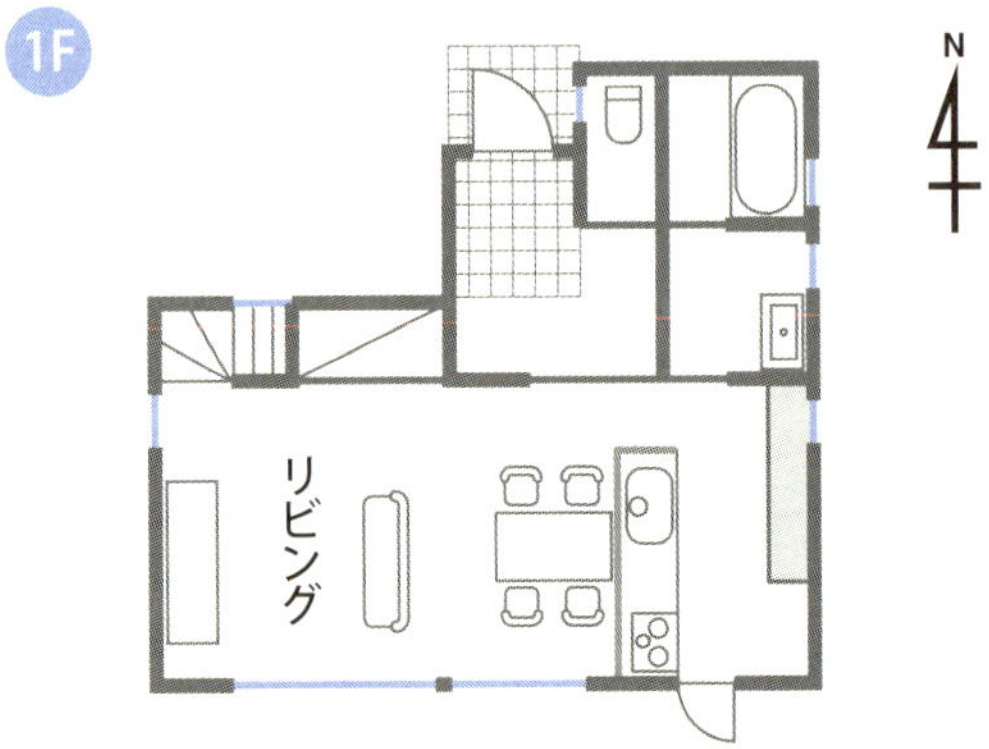

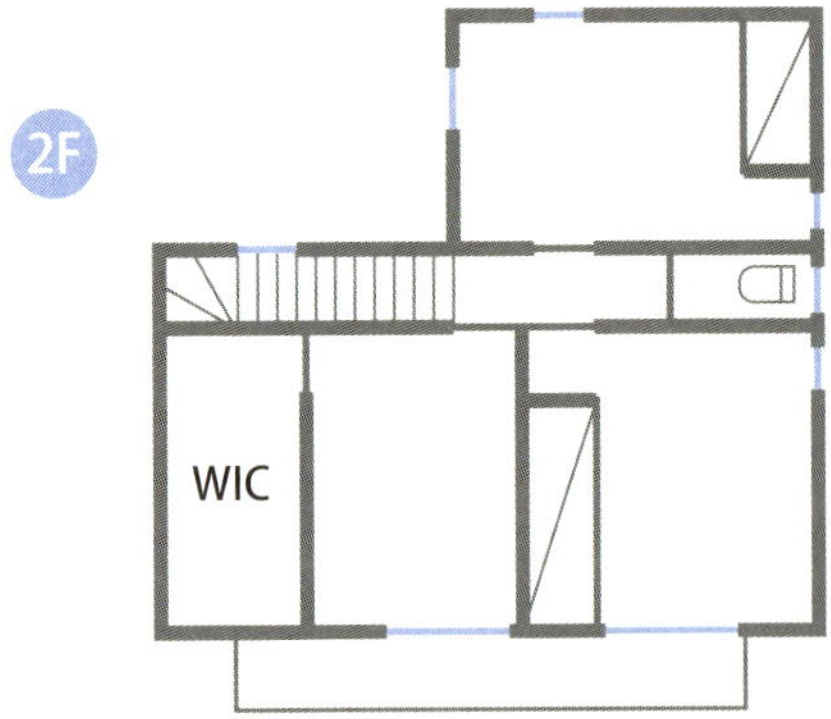

この家には「廊下」がほとんどなく、2階に1畳分程度あるだけ。廊下の少ない間取りのほうが、断熱性が高まりやすい。通り抜けるだけが役割の廊下は、居室と切り離されており、できるだけ分量をおさえたいスペース。完全になくしてしまうという選択肢もある

階段

パッシブデザイン要素はココ
換気 気密 断熱 昼光利用 通風 日射遮蔽 日射取得 輻射

階段は上の階から冷たい空気が下りてくる道になりやすく、とくに冬の階段下は冷気を感じやすい場所になります。リビング階段を好む人がいますが、断熱性能の低い家の場合、寒さを感じる原因になってしまいます。

逆に夏は、1階の暖かい空気が階段を通って上に移動し、2階あるいはその上の階全体に家の熱気が溜まります。

これらを根本的に解決する方法が、家の断熱性能の向上です。断熱・気密の強化は、間取りの自由度を高めてくれます。

断熱レベルの高い家ほど、家全体の温度が一様になります。ただし、家の中の熱は空気によって運ばれるので、家じゅうを一様な温度にするためには、家の中の空気をくまなく循環させることが必要です。

階段は、空気の通り道としてとても重要な役割を担う可能性があります。断熱性能の低い家では、他の場所にある冷たい空気や熱い空気を移動させる場所になってしま

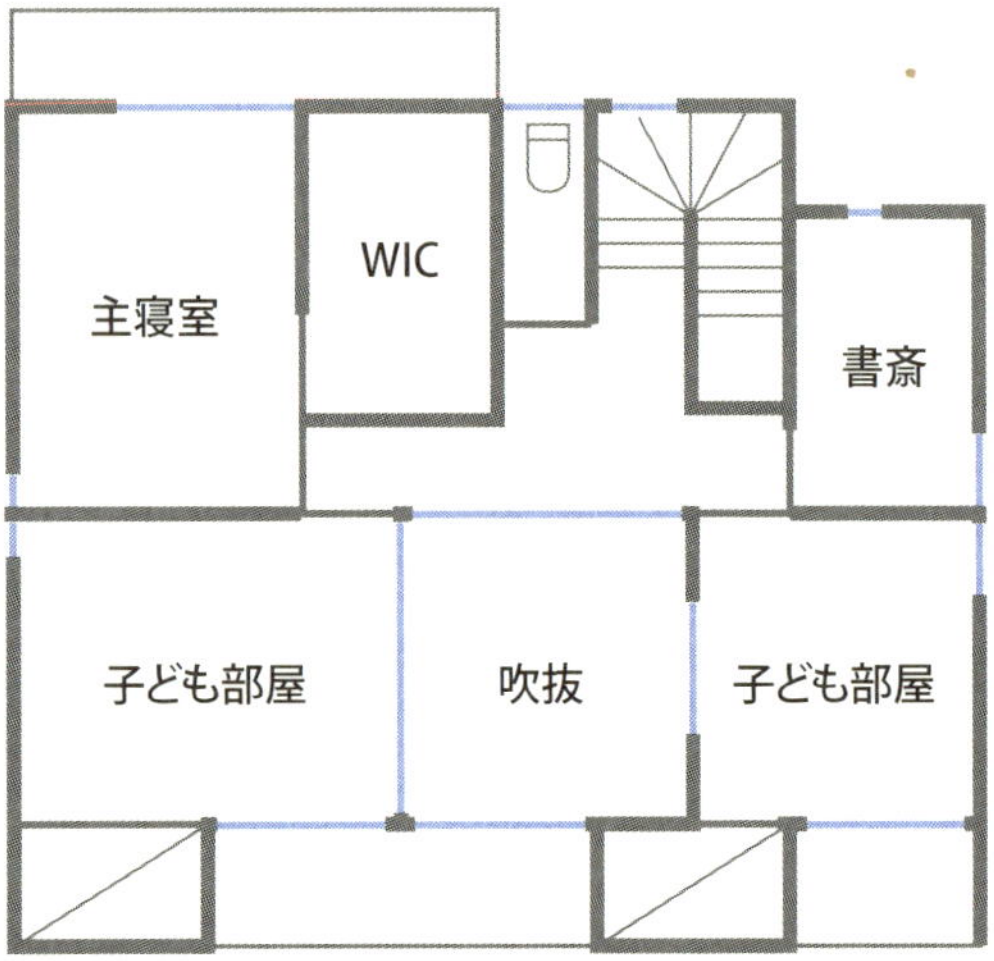

階段は1階と2階の空気が行き交う場所。例えば吹き抜けと階段が別になっていると、1階から2階に空気が移動する道筋と、2階から1階に移動する道筋が分かれ、1階と2階の空気が効率よく混ざり合う。高い断熱性能を持つ家では、これはとても有益。空気が循環することで、家全体の温度を一様に近づけることができる

いろいろな階段

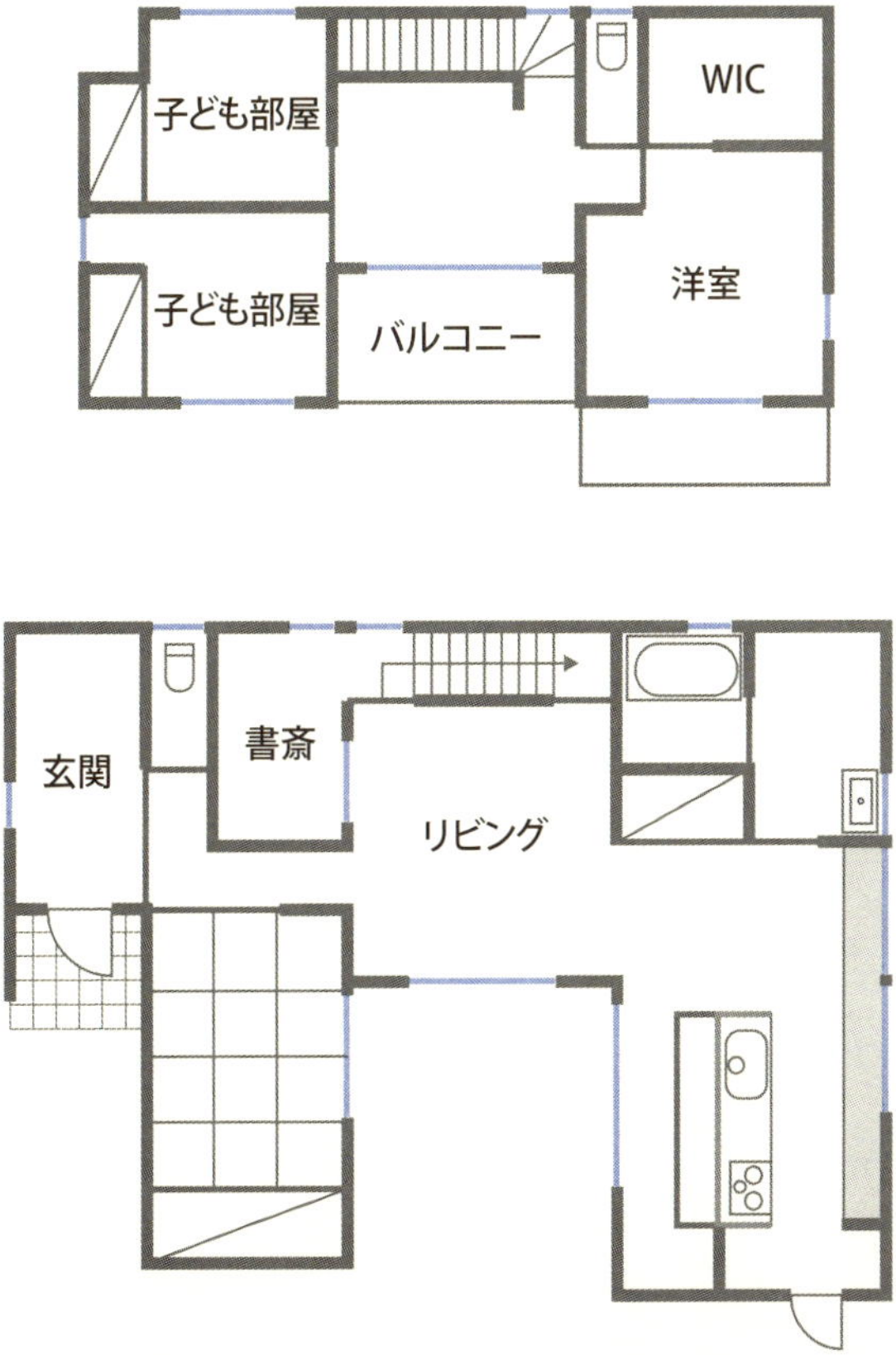

北に寄せたリビング階段は、冬に1階で得た太陽の熱を階段を通して2階に移動させることができる。その際、北面の窓からの冷気の緩和も期待できる

います。その点を注意して階段を設置しなければいけません（129ページ参照）。吹き抜けをつくり、それとは別に階段の吹き抜け部分があると、吹き抜けを暖かい空気が上昇し、階段から下降して、家全体の空気が循環しやすくなります。シーリングファンやサーキュレーターで強制的に空気の循環をつくることも検討すると良いでしょう。

PASSIVE DESIGN

建具を考えるときに注意すること

快適な家にするためには、間取りや各場所のつくりだけでなく、窓やドアなどの設備に配慮することも欠かせません。

窓

パッシブデザイン要素はココ
換気 気密 **断熱** 昼光利用 通風 **日射遮蔽** **日射取得** **輻射**

窓とサッシについては前の章で触れましたが（107ページ）、ここではもう一度、ポイントをおさらいしておきましょう。

窓は光と熱を通す場所であり、家の中で最も熱が多く出入りするところです。つまり、夏は暑さの、冬は寒さの大きな原因となります。室温と明るさ、体感温度に影響を与え、家の快適さを左右する、大事な要素なのです。

窓のサッシの材質、ガラスの種類、大きさ、開き方、配置場所によって、室内環境が大きく変わります。

注意しなければいけないのが、結露やコールドドラフト（冷たい窓から発生して流れる下降冷気）です。コールドドラフトは室内に温度差を生じさせ、体感温度を下げ、脳溢血の引き金となる場合もあるので、しっかり窓のつくりを検討するなど対策が必要です。

目の粗い網で小魚を捕まえようとしても、網の目から逃げてしまいます。それと同じように、断熱性能の低い家で熱を保とうとしても、熱に逃げられてしまいます。室内と室外の間でやりとりされる熱はとても微妙なので、より確実な断熱が必要とされます。

家の断熱という観点では「窓」は弱点になるため、窓の断熱性能を上げることが近道です。

窓はサッシとガラスで構成されていますが、107ページでお伝えしたとおり、サッシの材質は「樹脂」が、ガラスは「トリプル」だと安心です。

ドア

パッシブデザイン要素はココ
換気 **気密** **断熱** 昼光利用 **通風** 日射遮蔽 日射取得 輻射

ドアはメーカー製の既製品であれば高い断熱性、気密性を示す一方、木製のドアの場合、経年変化によって歪み、すき間ができて気密性が低下する可能性が高くなります。

玄関のドアが断熱されていない場合、結露が発生し、それに加えて空気が淀みやすい玄関だと、カビの発生も誘発しやすくなります。

玄関周辺は熱の出入りが激しいところなので、居室とは別の、暑さや寒さを感じるのが当たり前の空間だととらえられがちです。しかし、実際は同じ室内ですし、温度差が大きいとヒートショックの原因にもなるので、玄関ドアの断熱性にも配慮しなければいけません。

また、玄関から入ってきた熱は玄関にずっと留まっているわけではなく、少しずつ時間をかけて家全体に伝わります。その点をよく理解する必要があります。

ドアの種類によって気密性能も変わってきます。特に引き戸タイプの玄関ドアは気密性能が低く、外気の侵入を許してしまいがちです。高断熱・高気密住宅を建てる場

ドアの種類

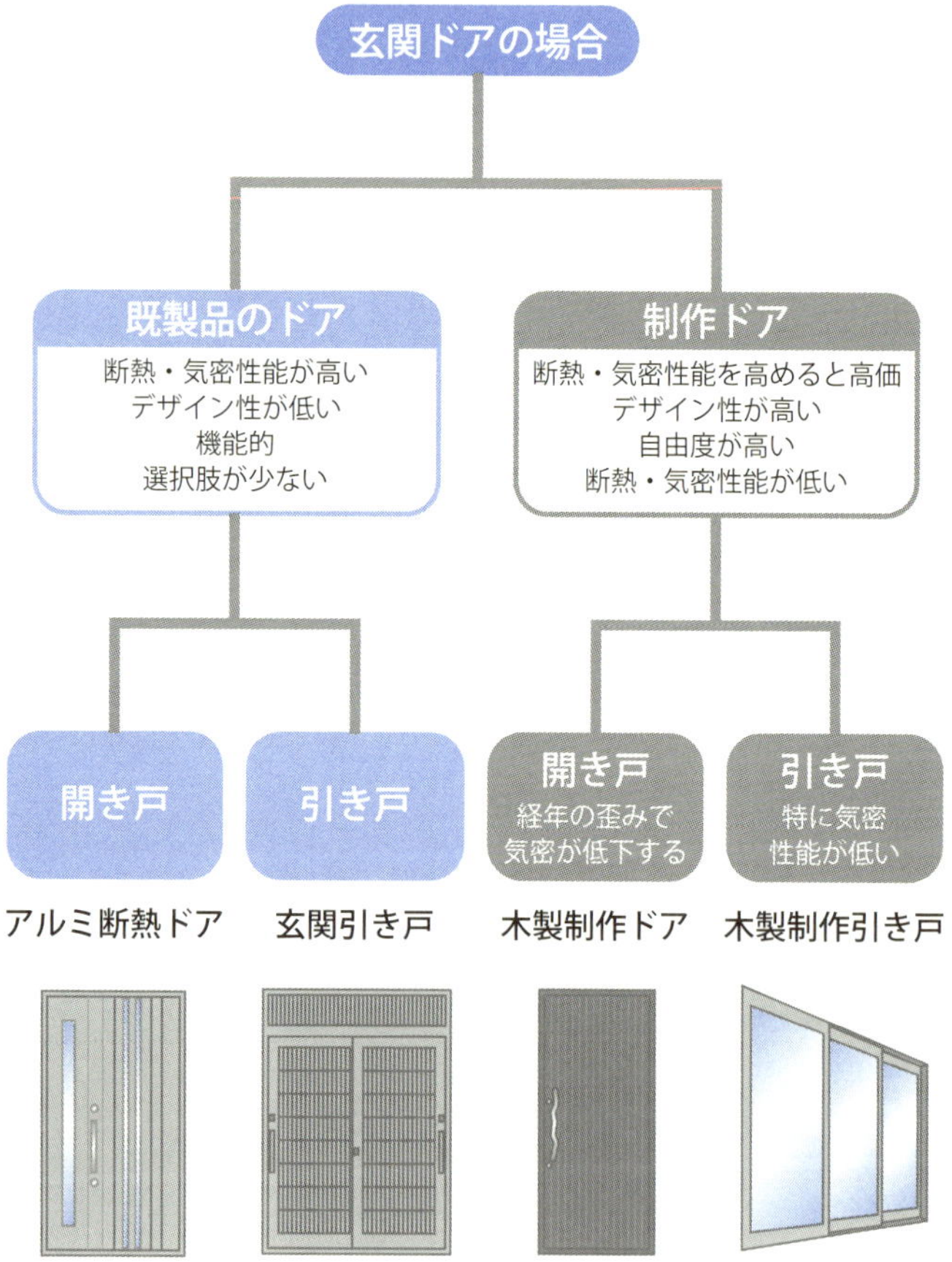
玄関ドアの場合
既製品のドア
断熱・気密性能が高い
デザイン性が低い
機能的
選択肢が少ない
制作ドア
断熱・気密性能を高めると高価
デザイン性が高い
自由度が高い
断熱・気密性能が低い
開き戸
引き戸
開き戸
経年の歪みで
気密が低下する
引き戸
特に気密
性能が低い
アルミ断熱ドア
玄関引き戸
木製制作ドア
木製制作引き戸

合は、開き戸タイプの玄関ドアを使用すると良いでしょう。

玄関扉の主な素材は、金属製と木製に分けられます。木製のドアはデザインに優れているため、デザインを優先する人が選びがちです。しかし、結露によって湿気が多くなったり、熱を通してしまうといったマイナス要素があるとともに、経年による歪みで気密性が低下しやすいため、既製の断熱ドアを選ぶほうがより健康的で快適な室内環境を実現しやすいと言えます。

収納

パッシブデザイン要素はココ
換気 気密 断熱 昼光利用 通風 日射遮蔽 日射取得 輻射

一般的なイメージとして、収納スペースは湿気や臭いがこもりやすく、結露しやすいと思われていますが、それは居室とは完全に隔離された環境になっていることが原因です。隔離された状態のままでは、湿気や熱気が溜まってしまいます。

また、収納スペースは家の外周部に位置し、外壁を1枚隔てて外という環境にあることが多いですが、収納の断熱性能が低いために熱が逃げて中の温度が低下すると、冬に結露が起きます。

このことから想像がつくと思いますが、クローゼットや押し入れといった収納スペースは、断熱性能を向上させることで結露のリスクが大幅に低下します。

空気が巡るように換気計画を立てることも大切です。例えば、ダクトを使って家全体を換気するシステムを導入すると、クローゼットにも新鮮な空気を送り込んで湿気を逃がすことができます。

また、空気を動かして湿気をできるだけ一か所に集中させないよう、押し入れの下にすのこを引くのもおすすめです（112ページ参照）。

まとめると、ポイントは次の3つです。

- 断熱性能を高めて、たとえ湿気が溜まっても結露が発生しない環境をつくる
- 収納内の空気をできるだけ停滞させないようにする
- 換気装置で新鮮な空気を供給する

以上のことを実行すれば、収納に関する問題は解決することができます。

照明器具

パッシブデザインと直接的な関係はありませんが、照明器具はＬＥＤがおすすめです。白熱電球の１／10、蛍光灯の70％程度の消費電力で済むため、電気の使用量を抑えることができるうえ、寿命は蛍光灯の４～５倍とも言われています。一時期かなり高額でしたが、最近ではだいぶ安くなってきたので、新築の場合に限らず、取り替える場合でもＬＥＤにしてはいかがでしょうか。

PASSIVE DESIGN

外装で注意すること

家の骨格や外側の部分、とくに外壁や屋根は断熱性を左右する大きな要素なので、コストとのバランスを考えて、なるべく良いものを導入することをおすすめします。

外壁

パッシブデザイン要素はココ

換気 気密 **断熱** 昼光利用 通風 **日射遮蔽** **日射取得** 輻射

外壁に関して具体的な知識はなくとも、材質や色によって熱の伝わり方が違う、材質によって音の響きやすさやメンテナンスのしやすさが違うといったイメージはお持ちだと思います。

この点をどう解決していくかが、外壁をつくるうえでのポイントになります。

パッシブデザインのノウハウを取り入れながら、それぞれに解決策を導いていきます。

断熱を考えるうえで、壁の構造として重要なのが、外側の壁と家の内側の壁の間に空気が通る「通気層」をつくることです。外壁が太陽の熱で温まったとき、通気層は熱を逃がす道になります。

これがあれば、外壁の色が黒でも、材質が熱を持ちやすい金属でも、外壁を通して室内に入ってくる熱を少なく抑えることができます。通気層をしっかりつくれば、好きな材質や色の壁を選んでも大丈夫です。

基本的に、外壁は10年に一度はメンテナンスをしなければなりません。唯一、メンテナンスフリーに近いのが、タイルです。貼り付けるタイプと引っ掛けるタイプのタイルがありますが、前者は剥《は》がれるリスクがあります。引っ掛けるタイプはその心配がなく、メンテナンスフリーと言えますが、かなり高価にはなります。

遮音性については、高断熱・高気密を実現していれば外の音は気になりません。音が気になるのは、高断熱の家に住んだことがない人です。熱を遮断することができれば、おのずと音も防げるというオマケが付いてきます。

通気層の有無の違い

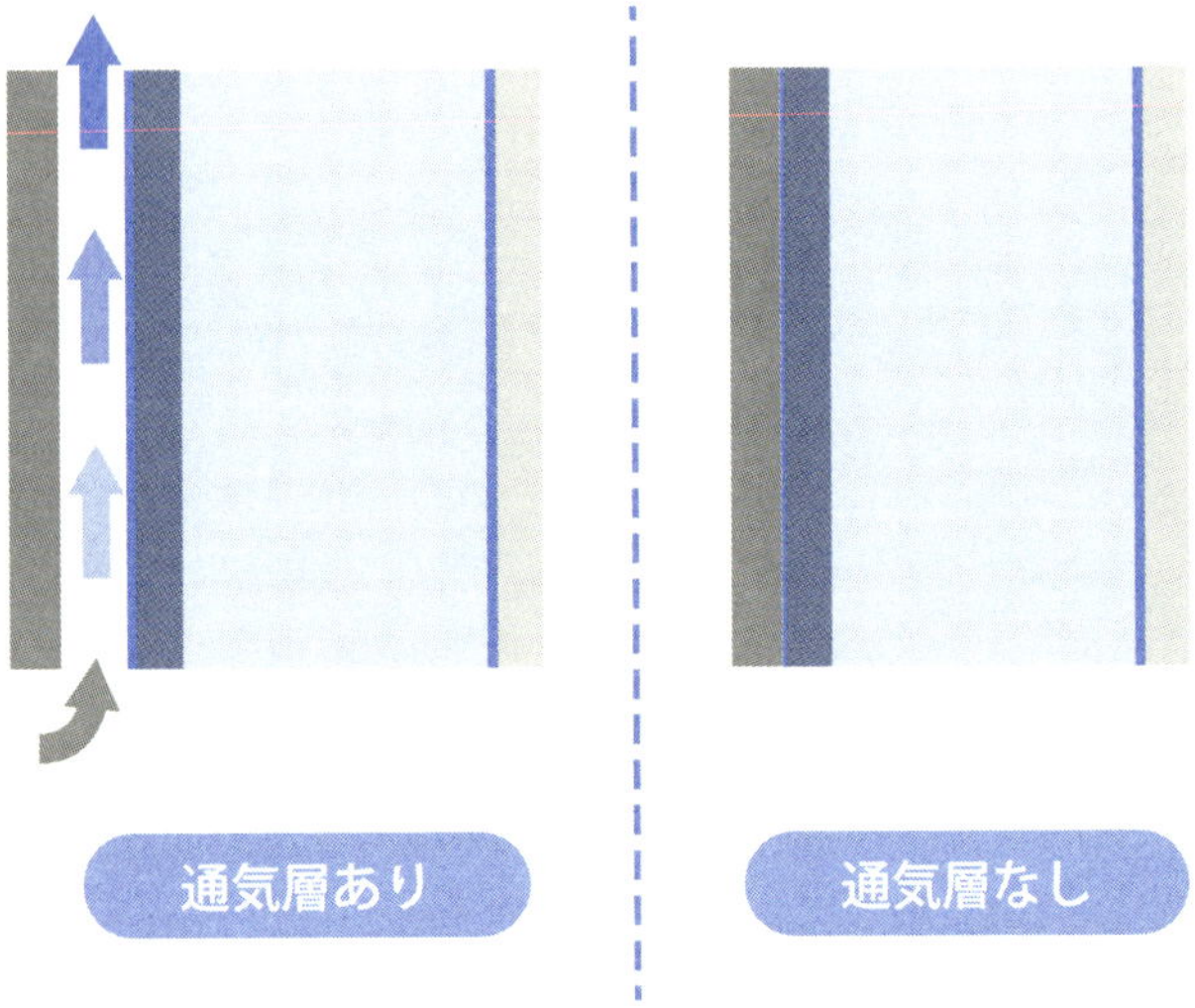

外壁が日射によって暖められると、内側の構造パネルや断熱材に熱が伝わっていく。通気層があると、熱伝導によって通気層内の空気が暖められ、上昇気流が発生し、暖気は外に排出される。通気層がない場合、熱の逃げ道がないため、外壁が受けた熱はパネルや断熱材にそのまま伝わり、室内に伝わる熱の量が多くなる

屋根

屋根の素材には多くの種類があります。外壁と同じように、黒色の屋根は熱くないか、金属は熱くないか、あるいは瓦と最近人気があるガルバリウム鋼板（アルミニウム55％、亜鉛43・4％、シリコン1・6％のアルミ亜鉛合金をメッキした鋼板で、軽くて錆びにくいという特徴がある）とはどのように違うか、などの知識も必要です。材料については、その特徴やメリット・デメリットをまとめた表を掲載しましたのでそちらを参考にして下さい（166ページ参照）。

壁と同じように「通気層」の存在によって、熱が室内に入る量を抑えられます。素材、色についても壁と同様です。

屋根の色が室内の温度環境に大きく影響するのは、断熱性能が低い場合です。断熱性の高い家であれば、屋根の色は室内温度にそれほど影響はありません。

瓦は壁でいうタイルと似ています。瓦自体は長持ちする反面、非常に重いのがデメリットです。瓦屋根にする場合は、耐震の基準に従い、より強固に家をつくる必要があります。

屋根の素材の種類と特徴

種類	特徴
ガルバリウム鋼板	鉄にアルミと亜鉛のメッキをして耐候性を向上させたもの。しっかりと水が切れる状態にしておけば、10年程度はもつと言われている。軽いため耐震性を確保しやすく、瓦に比べて価格も抑えられる。10年に1回程度、再塗装が必要。
瓦	伝統的な建材として現在でも使用されている。金属の屋根材と比べて熱容量が大きく、小屋裏への熱の伝達を遅らせる効果がある。他の屋根材と比べると非常に重く、耐震性の確保にやや難がある。台風など強風時に飛んでしまうこともあるため、風の強い地域では注意が必要。
スレート	本来スレートとは粘版岩版のことだが、プレス加工したモルタル製の瓦や石綿セメント板など、セメント製品が多く見られる。瓦や他の素材に比べると安価。

バルコニー・ベランダ

パッシブデザイン要素はココ
換気 気密 断熱 昼光利用 通風 日射遮蔽 日射取得 輻射

あなたは、バルコニーとベランダは同じだと思っていませんか。違いを知らない方が意外と多いので、最初に説明しておきましょう。

■バルコニー

室外に張り出した、屋根がなく手すりがついたもの。多くが下の階の屋根になっている。

■ベランダ

室外に張り出した、屋根のあるもの。通常の住宅はほとんどがバルコニーではなくベランダで、雨が降っても洗濯物が干せるようになっている。

ルーフバルコニーというものもありますが、これは下の階の屋根を上の階の庭として利用したバルコニーです。バルコニーの広いものとして考えればいいでしょう。

バルコニー、ベランダともに、軒のように太陽の光を遮るものとして使うことができます。1階に大きな窓がある場合、その上にバルコニーを設置することで、その大きな窓から夏の日射が侵入するのを防げるようになります。

バルコニーに屋根を付けるという考えもありますが、これはデザイン上、おすすめはしません。2階の屋根の軒をしっかり出すことで、バルコニーにかかる屋根として機能させることができます。

エクステリア

パッシブデザイン要素はココ

換気 気密 断熱 昼光利用 **通風** **日射遮蔽** **日射取得** 輻射

最近ではエクステリアという言葉が聞かれるようになってきましたが、以前は外構工事と呼ばれていました。お隣や道路との境界にブロックやフェンスなどをつくることを主に指していたからです。

今ではただ単に境界をつくるのではなく、建物の外観をデザインするといった意味で使われることが多いようです。

実際の例として、いくつか挙げてみましょう。

■植栽

家の南側、西側に落葉樹を植えると、夏は葉っぱが生い茂って強い日射を防いでくれます。逆に冬は落葉し、太陽の光が家の中に届きます。植栽を上手に使うことで、季節による太陽の光の扱い方を変えることができます。

■ルーバー

ルーバーは羽板《はいた》と呼ばれる細長い板を、枠組みにすき間を開けながら平行に組んだものです。天井の開口部などによく設置されています。

横向きと縦向きがありますが、取り付ける角度や間隔によって雨や風、光などを調節できます。外からの視界を遮断する役目もあわせ待ちます。

■軒・庇

広い軒下の空間は楽しいものです。雨が降っても窓を開けっ放しにできますし、夏

ルーバーの種類

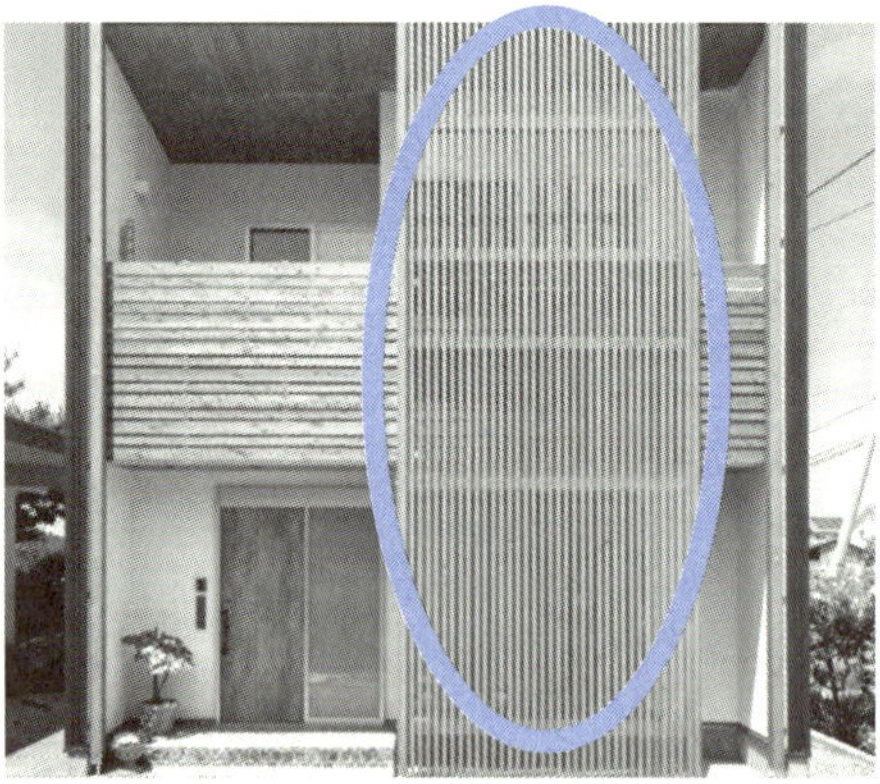

縦型のものと横型のものがあり、窓の外や外壁などに付けられる。素材はアルミや木のほか、ポリカーボネートなどがある。羽根の部分が固定されているタイプと、可動式のタイプがある

は太陽の光を遮り、冬は家の中に取り込むことができます。和のデザイン要素ですが、昔の人の知恵でもあります。

日射遮蔽には必須の要素ですが、出すぎた軒、庇は冬の日射も遮ってしまいます。過ぎたるは及ばざるがごとし、と言われるように適度な軒、庇の出にするようにしましょう。窓の高さの１／３〜１／２が良いと言われています。

PASSIVE DESIGN

さらに断熱性を高めるために

断熱性能を高める工夫をするほど、より光熱費を節約できるようになります。

すでに新築住宅の50％の断熱性能が断熱等級4を満たしている今、さらに性能を向上させようとしたときの優先順位は、次のようになります。

①窓
②壁
③設備

窓については何度かお話ししていますが、室内から外へ逃げていく熱の実に50％が窓からです。何よりもまずは窓の断熱性能を向上させることが、効果的に断熱性能を高める方法です。

内窓を付けた場合の冷暖房費の違い（LIXIL「インプラス」のケース）

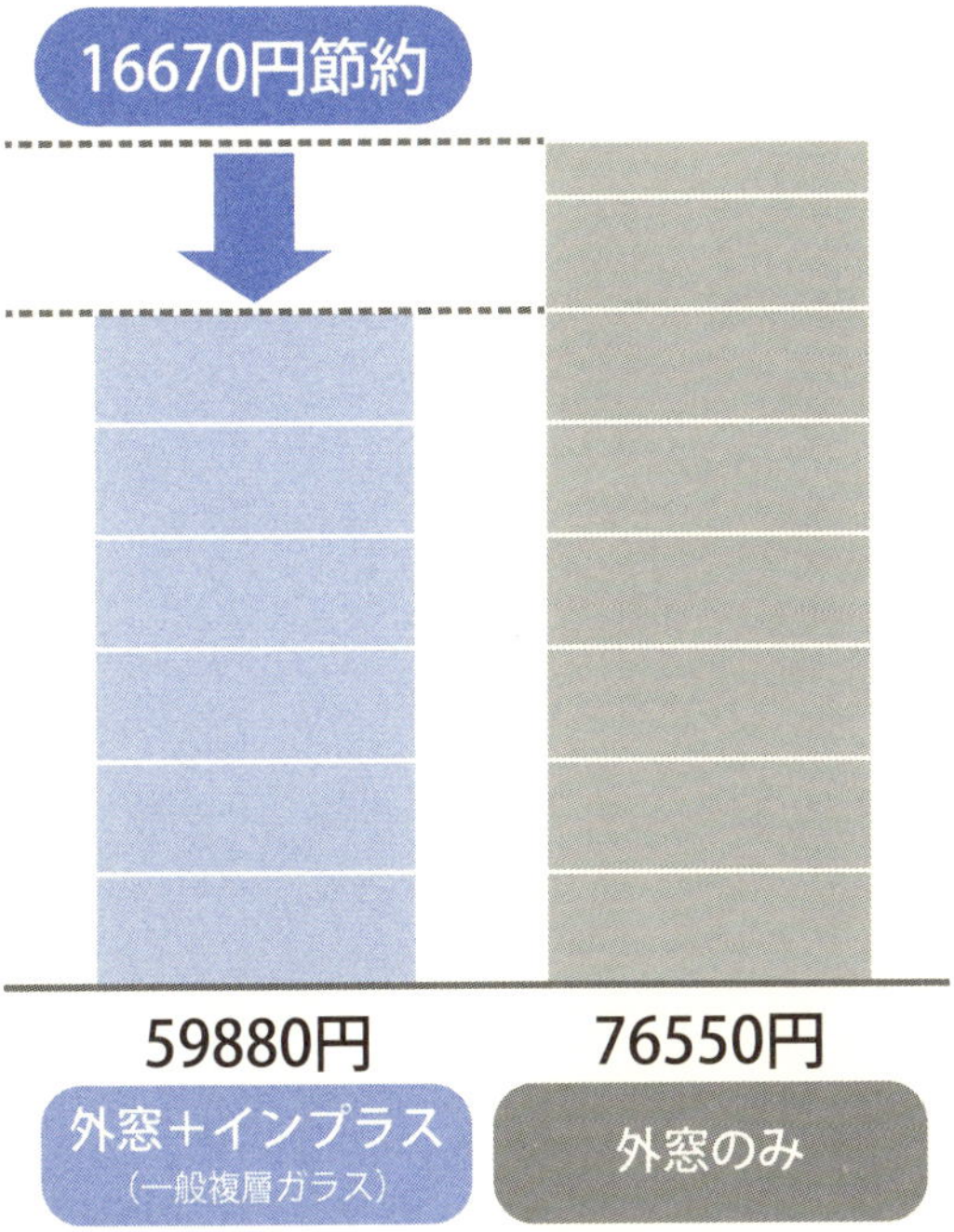

算出条件

シミュレーション地区：東京
●AE-Sim/Heatにより算出●2階建て/延べ床面積：120.07m2、開口率：〈4地域以南〉26.8%●4人家族　●エアコン暖房：20℃、冷房：27℃・60%●暖冷房運転：間欠 運転●拡張アメダス気象データ2000年版を使用●住宅断熱仕様：昭和55年省エネルギー基準適合レベル●居室の窓（9窓）にインプラスを設置●居室の窓（9窓）にレースカーテンを併用●電気料金：27円/kWh、CO2排出係数：0.43kg-CO2/kWh　●スギの木のCO2吸収量：14kg-CO2/本

出典：LIXILホームページ「窓リフォーム商品の特長」
http://www.lixil.co.jp/lineup/window/feature/reform/

窓の断熱性能を強化したら、次は壁です。壁の中に入れる断熱材、壁のつくり方を充分に検討し、断熱材の厚さを増していくことで、断熱性能が向上します。

窓は、規格を大きく変更することなく断熱性能を強化することができるのに対し、壁の厚さや断熱材を変更することは、住宅会社にとって大きなチャレンジを伴ったり、断熱工事の経験がない場合もあります。リスクを帯びやすい部分にもかかわらず、窓ほどには効果を期待しにくいことから、優先順位を2番目にしています。

最後は設備です。住宅の熱的性能を向上させる機器には熱交換システム、冷暖房機器、組み込み式の調湿システムなどがあります。窓や壁を変更するのは、一度家を建ててしまうと、建て替えに近い作業になります。一方、設備の場合は、物にもよりますが、後々強化することも可能です。

ただし、高性能なものはいずれも非常に高価です。当然、効果は高いですが、費用もかかるため、費用対効果を考えて優先順位を3番にしています。

PASSIVE DESIGN

改築・増築をするときのコツ

新築の家を建てるには予算が足りない、あるいは全部壊してしまうのはもったいない場合、リフォームを検討すると思います。そのとき、どのような点に注意したらいいのか、パッシブデザインの観点から説明しましょう。

部分改築

パッシブデザイン要素はココ：換気／気密／**断熱**／昼光利用／通風／**日射遮蔽**／日射取得／輻射

最初は部分改築のケースです。どこを変更したらいいのか、コストパフォーマンスの高い方法をお教えします。

リフォームを考えるとき、最低限の設備の入れ替え（水回り等）や、間取りのちょっとした変更を考える人が多いようです。

それ自体は間違っているわけではありません。ただ、生活の質を変えようと思った場合、とくに古い住宅の場合には、窓の断熱性能を向上させることが、最も費用対効果の高いリフォームと言えます。

断熱材の追加もたいへんおすすめですが、たいてい大がかりな工事が必要となります。

また、材料選びに高い専門性が要求されます。どんな断熱材の組み合わせならば結露しない快適な空間がつくれるのかといった問題を解決することが要求されるので、費用の面と同時に専門家の的確なアドバイスが欠かせません。

断熱に関しては、家全体の断熱性能を向上させるのではなく、人が集まる場所だけ重点的に改善する方法もあります。例えば、ＬＤＫの窓だけ変える、内窓を追加する、断熱材を追加するといったやり方などが有効です。

内窓の追加については、冷暖房費の違いを示した図を参考にしてください。

リフォームと新築の選択基準

リフォームを考えるきっかけ

・生活に直接影響する部分の故障（雨漏り、水漏れなど）
・設備の故障（床、扉、水回りなど）
・使い方の変更（住人の増減、世帯主の退職など）
・中古住宅の購入

●リフォームしか選択できないケース

・法律上の制限により新築住宅の建築が許可されない
・建築は許可されるが、延べ床面積の縮小が必須のうえ、縮小すると家が極端に小さくなってしまう

●新築を選択した方がいいケース

「省エネで快適な家にする」ために必要な費用が、リフォームするよりも新築した方が抑えられる場合、新築を選ぶと良い。

新築の建築費用がリフォームの費用を下回るケース

・断熱性能が非常に低い住宅（断熱等級1や2）

昭和54年以前に建築された住宅はほぼこの条件に当てはまる。それ以降でも、断熱性能は義務化されていなかったため、個別に判断が必要（朝起きたとき、室内が外と同じくらいの場合は断熱等級1か2だと思われる）。

・壁の中がカビていたり、木材が腐ってしまっている

見栄えだけを変えたり、同じ材料でつくり直しても必ず再発してしまうので、材料・つくり方ともに変更した方が良い。その場合は、リフォームでも大きな費用が必要になる。

・古民家のリフォーム

格好良い家になるかもしれないが、熱環境としてはかなり厳しいものがある。リフォームにかかる費用と断熱性能を考えると、古民家のリフォームは割に合わない。ただし、古きよきものを残す意義はあるので、費用度外視でリフォームするという選択肢もある。

全面改築

パッシブデザイン要素はココ
換気 気密 断熱 昼光利用 通風 日射遮蔽 日射取得 輻射

この頃、中古住宅を購入し、リフォームして住むケースが増えています。テレビで放映されている某番組の影響もあってか、トータルで安上がりになるイメージが強かったり、さまざまな希望が叶えられるイメージがあるためではないかと思います。その場合の注意点、問題点は何かを考えてみましょう。

全面改築となると、費用は家を新築する場合とそれほど変わりません。すべてを解体してゼロから建ててしまったほうが、安上がりになる場合もあります。

今後、エネルギー単価が上昇することが懸念されますが、その場合、家で消費するエネルギーを最小限に抑えられるようにしておくことが、最大のリスクヘッジになります。そのためには断熱、気密に一定以上の費用が必要です。しかし、全面改築時に断熱、気密を強化しようとすると、新築と同等以上の費用がかかってしまいます。

ただし、解体して新築しようとすると、法規上、延べ床面積を小さくしなければいけない場合があったり、そもそも建築不可能な土地の場合もあります。そのようなときは仕方なく、全面改築という形をとることもあります。テレビで放映している全面改築の家の多くがこのパターンです。

それぞれのケースの条件と費用の面を充分に検討して、結論を出されるといいでしょう。専門家のアドバイスを受けるのもひとつの選択肢です。

間取りの変更

これもいろいろな考え方、方法があります。ここでは、一般的によくある例をお伝えしておきましょう。

例えば、壁の位置を変更したり、壁をなくしたりすると、次のようなことが発生します。

- 壁紙の貼り直し
- 床のフローリングの敷き直し

これらのことが同時に起こるので、あらかじめその準備をしておかなければいけま

上手なリフォームの例 1

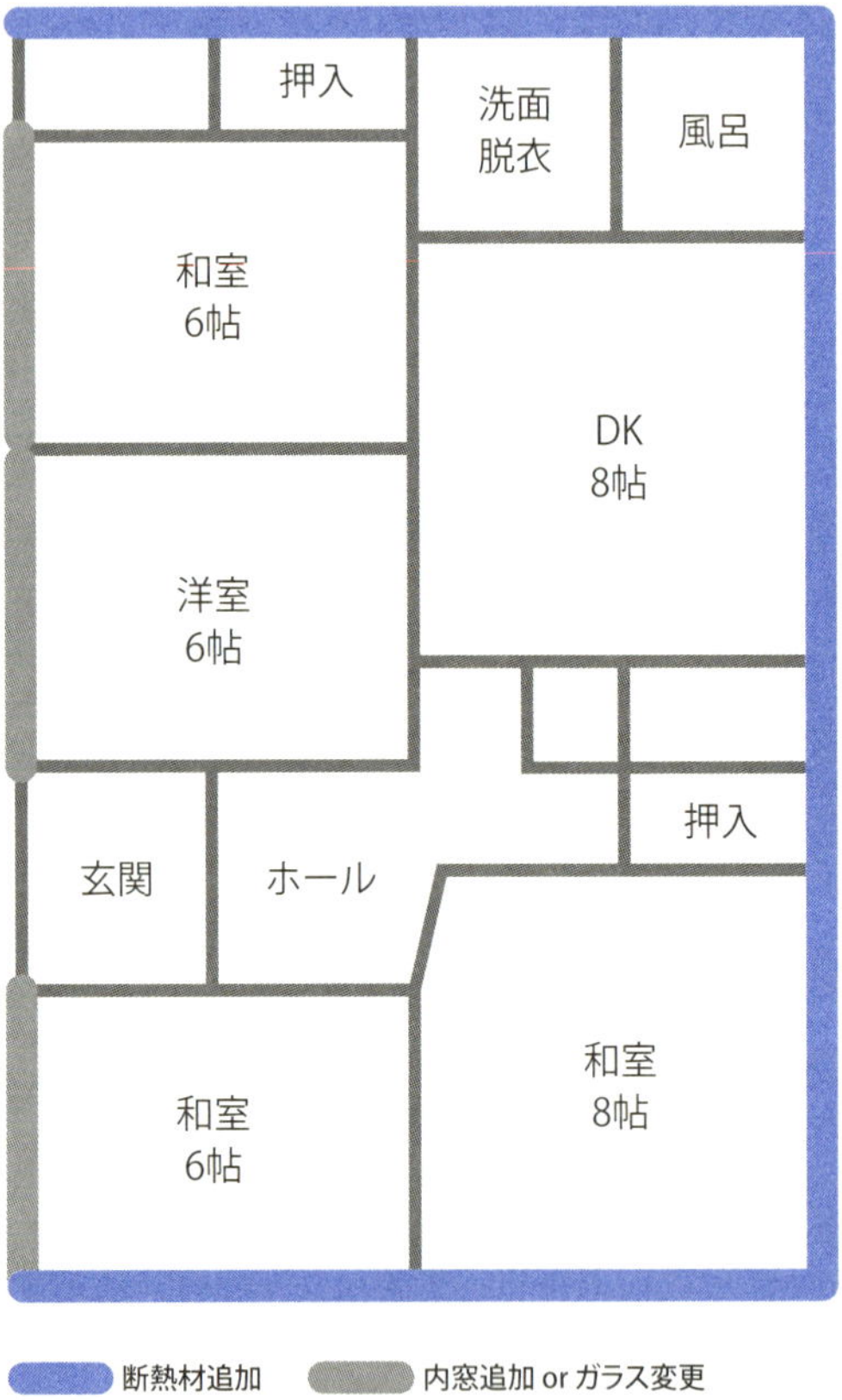

熱の流出が大きい北面と、東西面の断熱を強化。さらに、南面の窓サッシを変更して、日射取得を積極的にする

上手なリフォームの例 2

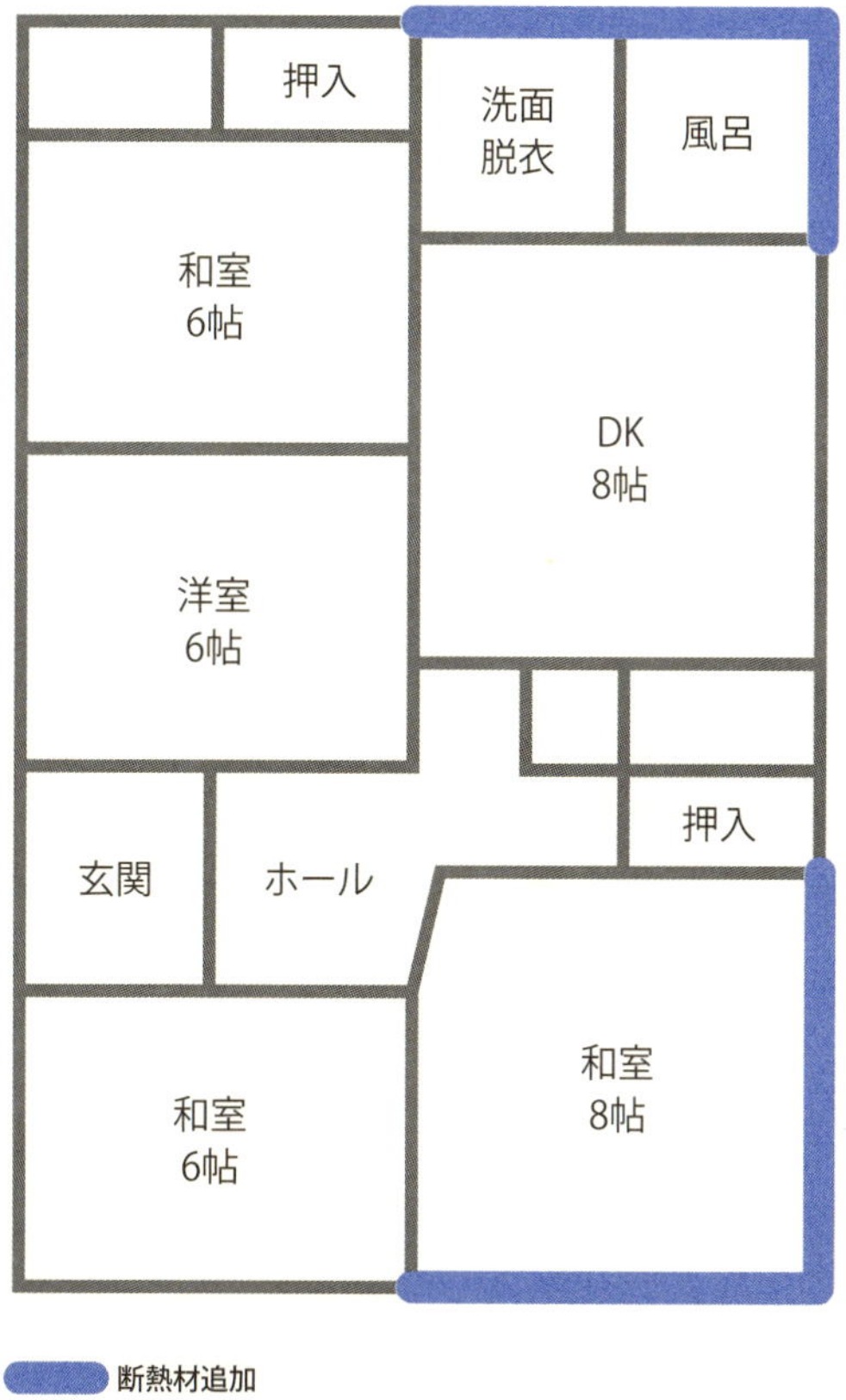

ヒートショックの起こりやすい「布団から出る瞬間」と、裸になり「体感温度が一気に下がる瞬間」を解消するため、寝室と風呂の断熱を強化

上手なリフォームの例 3

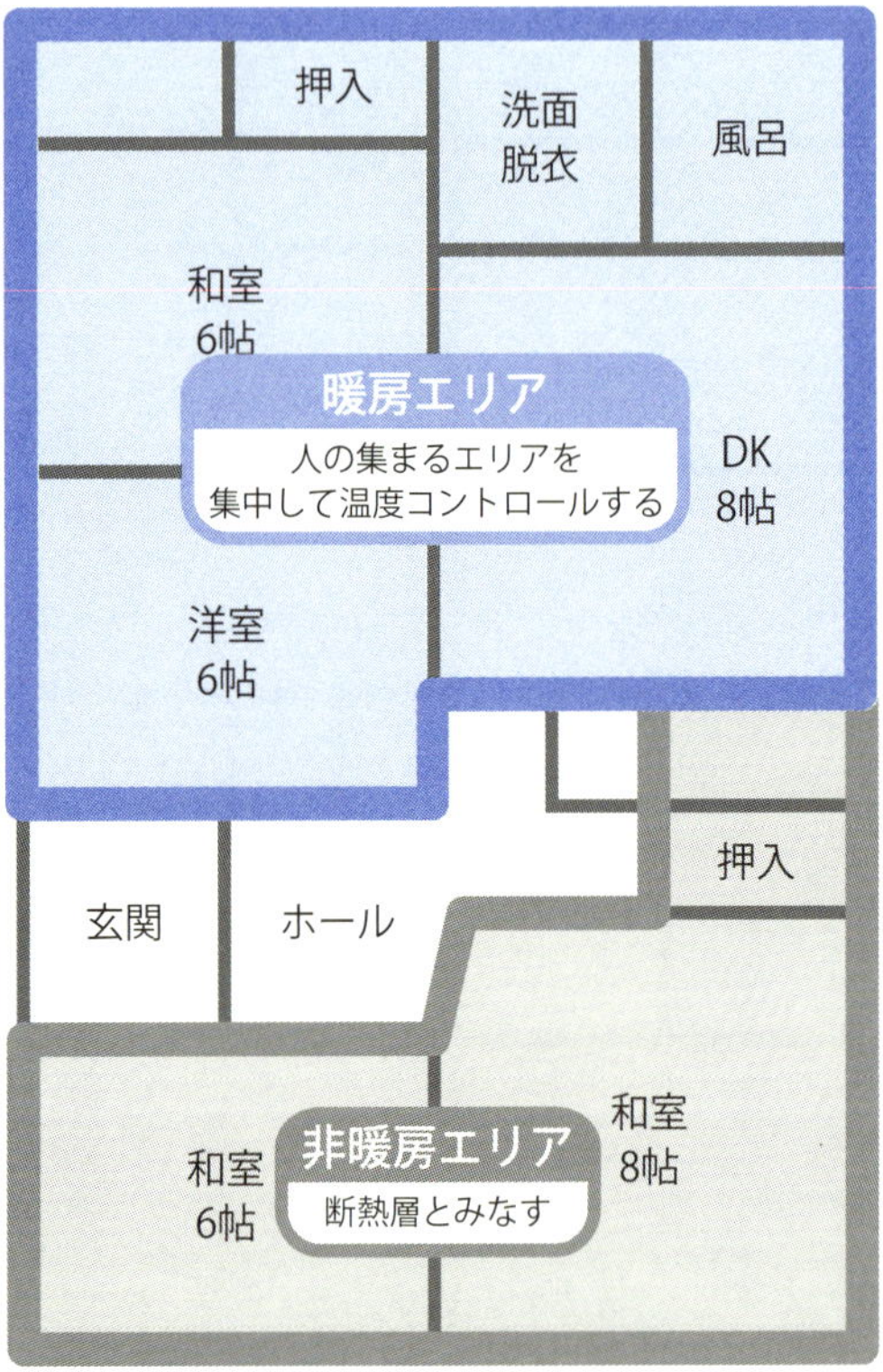

「暖房エリア」と「非暖房エリア」をあえて分けてしまうことで、断熱の"選択と集中"を実現する。非暖房エリアは断熱層として機能する

せん。

邪魔な壁がある場合に、簡単になくすことができるかというと、そうはいかないこともあります。とくに2×4の家では、壁が地震に対して家を支える「面」として扱われているため、1枚でも壁をなくしてしまうと全体のバランスが崩れる恐れもあります。

どのようなことができて、どのようなことが難しいのか、この場合も専門家のアドバイスをきちんと受けて実行されることをおすすめします。

PASSIVE DESIGN

ハウスメーカー選びに失敗しないためのQ＆A

新築するにしても、リフォームするにしても、みなさんの要望を実現してくれるハウスメーカーを選ぶ必要があります。

現在、パッシブデザインを理解し、実際に手がけているところは各県に数えるほどしかないので、より慎重に選ばなくてはいけません。

そこで、その目安になる質問事項を用意しました。Q＆A形式になっていますので、ここで示している質問をハウスメーカーに投げかけ、しっかりとした答えができるところを選んでください。

パッシブデザインIQを確かめるQ＆A

Q1 パッシブデザインを知っているか？

A1 そもそも、パッシブデザイン自体を知らなければ話になりません。相手にその知識・経験がなければ、こちらがいくら説明してもパッシブデザインの家をつくることはできないので、これが基本になります。

Q2 パッシブデザインの家をどれだけつくっているか？

A2 次にチェックしたいのが実績です。知識があっても経験がなければ、理想の家をつくれる可能性は低くなります。今までにどれくらいのパッシブデザインの家をつくったのか、実績を調べましょう。

実績が多いほどいろいろなケースを経験しているはずなので、それだけ点数はアップしますが、その会社が手がけた家の評判をチェックすることも大切です。数だけ多くても、中身が伴わなければ何にもなりません。

Q3 省エネ基準の家をどれだけ手がけたか？

A3 これも重要なチェックポイントです。パッシブデザインを取り入れた家は、つまり同時に省エネにも配慮されている住宅のはずです。どのくらいの基準を満たした家づくりをしているかもチェックしてください。

Q4 2020年に義務化される基準を満たす家をつくれるか？

A4 前の質問とも重なりますが、住宅をつくるにあたって2020年にはいくつかの基準が義務化されます。それは断熱性能だったり、エネルギー消費量だったりしますが、それらをクリアしなければ許可が下りません。

その説明がきちんとできるかどうかを確かめる必要があります。

Q5 新築・改築時の省エネ性能を数値で示せるか？

A5 断熱性能や省エネの基準は、きちんと数値で示せなければ意味がありません。こうするとこのくらいの節約になる、これだけ経済性がアップするなど、曖昧な表現ではなく、正確な数値を出せなくては信用できません。パッシブデザインの知識や経験が豊富なところならば、そのデータが蓄積されているのですぐに出せるはずです。

Q6 「冷暖房負荷」について説明してもらえるか？

A6 冷暖房負荷とは、簡単に言えば「建物の燃費」を示す値です。その建物が1年間を通して快適な室温を保つために必要な冷暖房エネルギーを、数値化して表示したものです。この値によって、その家が快適な状態を維持しながらどの程度エネルギーを消費する住宅なのかを判断することができます。

一部ではその重要性が認識され、住宅の評価に導入されていますが、普及はこれからの課題でもあり、そのような現状を知っていて話してくれる業者はかなりの知識があると判断できます。

Q7 土地と建物をセットで判断しているか？

A7 パッシブデザインは自然の力をどのように利用するかが設計のポイントになりますが、それは建物だけの問題ではありません。まわりの環境、大きく言えば、その地域の環境もきちんと考えて建物の設計をしなければいけません。そのため、土地を選ぶときも総合的に判断する必要があります。

例えば不動産屋が土地をお客様にすすめるとき、「南側に建物が面しています。そこに道路が隣接しているのでおすすめです」というケースがよくありますが、これは土地の方角以外は考えていません。

ただその土地の方角がいいとか、前に大きめの道路があるといったことを理由に物件をすすめてくる業者は、パッシブデザイン以前に、そもそもの住宅設計について理解していないと思ったほうがいいでしょう。

パッシブデザインは必ずその土地の持つ地域性、環境をすべて考慮して建物の設計をするので、土地と建物をセットで判断する必要があります。

日本は国としては小さいですが、それでも北海道から沖縄まで南北に長く、地域によって気候がかなり違います。その点を充分に考慮して家づくりをすべきです。

とくに冷暖房や給湯設備などと気候は密接に関係しています。一次エネルギー消費量を算出する際には、省エネ法上の建築設備ではありませんが、太陽光発電設備等の効果も考慮して省エネルギー性能を評価します。

住む土地の環境、例えば海や山に近いとか、平地か高台かといった高低差なども非常に重要です。内陸の場合ならば、夏は熱が上がりやすく、冬は下がりやすい特性がありますし、同じ都会でも風の通りやすいところと通りにくいところがあります。

このようなことをきちんと把握したうえで家づくりをする住宅会社を選びましょう。

Q8 「断熱」の重要性を理解しているか？

A8 過去の経験のみで住宅建築を判断している人にとって、パッシブデザイン抜きの高断熱住宅は、夏が暑いだけの家です。どれだけ断熱をすればいいか、断熱性を高めると何か悪いことがあるかと尋ねたとき、「断熱性能は高ければ高いほど良いが、費用の面でバランスを取るべき」という考えがあれば、理解度は高いでしょう。

一方で、断熱はほどほどにしないと室内が暑くなると答えた場合は、その会社を選択するのは止めたほうがいいです。新しい知識を学んでいないのは間違いありません。

Q9 「気密」の重要性を理解しているか？

A9 断熱の話に近いですが、気密の重要性についても尋ねてみるといいでしょう。隙間風が減る、なくなるなどの答えだけであれば、あまり期待できません。

換気が計画通りに行われるようになることを理解していれば、かなりのレベルだと言えます。息が詰まる、ドアが開かなくなるだけなどの答えが返ってくるのであれば、その会社で家を建てることはおすすめしません。

Q10 性能をお金に換算できるか？

A10 ただ性能が高く快適な家を建てることは難しいことではありません。いかに価格を抑えながらそれを実現できるかどうかに、真価が問われます。断熱、気密、パッシブデザイン要素、省エネ設備、間取り、価格のすべての面で成功といえる家をつくるには、ハウスメーカーが必要な費用と効果を把握し、予算に合わせた提案ができるかどうかにかかっています。

これだけお金をかければランニングコストがこれだけ下がる、これだけ快適になる、という感覚を持ち合わせているかどうか、確認してみるといいでしょう。窓や断熱材の説明に対し、それがどの程度の費用がかかり、一方でどれだけのメリットがあるのかを尋ねればわかります。

おわりに

2030年、すべての新築の家がゼロエネルギー住宅になる

今までは単なる努力目標であった指標が見直され、2020年、ようやく省エネ住宅の基準が義務化されます。

この流れは今後さらに加速していくはずです。2020年の時点で過半数の新築住宅をゼロエネルギー住宅にし、そして2030年にはゼロエネルギー住宅の義務化を目指すと国は表明しています。

発電した電力をためておく蓄電池を設置し、家の機器をすべて電化製品にすれば、自前でエネルギーを生み出して消費する「オフグリッドハウス」をつくることもできます。電力会社ともガス会社とも契約する必要のない、究極のゼロエネルギー住宅です。

しかし、オフグリッドハウスがスタンダードとなるには蓄電池の価格がかなり下がる必要があるので、広まるまで長い時間がかかるでしょう。

これらの義務化基準をすべての家が満たす最終目標は、2080年となっています。

かなり先のことのように思われるかもしれませんが、今やエネルギー政策の転換は世界的な潮流です。

私たち日本人はこれまでの約2000年もの間、寒さに震え、暑さに耐えてきましたが、そうした苦しみから解放される時代がそこまできているのです。

世界最高峰といわれる日本の建築技術とパッシブデザインが合わされば、最強の家ができるに違いありません。

あなたとご家族が健康で幸せに過ごせる家を、パッシブデザインによって実現していただけることを心から願ってお別れしたいと思います。

高垣　吾朗

著者紹介

高垣吾朗 1981年、島根県・出雲市生まれ。父親は医師、母親は薬剤師の医療一家に生まれるが、「医者の子どもは医者になる」という世襲制に疑問を持ち、自分は医学ではない道を進むことを決意する。
琉球大学卒業後、北海道大学大学院修了。海洋、気象を学んだことをベースに、「物理学を応用した快適な家を建てたい」と独学をスタート。より良い家づくりのために数々の工務店めぐりをしている際に、コラボハウス一級建築士事務所の社長に出会い、入社。入社後は、建てる家の標準を全面的に変え、「パッシブデザイン」を取り入れた「高断熱・高気密」な家を年間130棟作っている。建築業界で注目度ナンバーワンの会社へと成長させている。

1時間《じかん》でわかる省《しょう》エネ住宅《じゅうたく》！
夢《ゆめ》を叶《かな》える家《いえ》づくり

2016年1月5日　第1刷

著　者　高垣吾朗《たかがきごろう》
発行者　小澤源太郎

責任編集　株式会社 プライム涌光
電話　編集部　03(3203)2850

発行所　株式会社 青春出版社
東京都新宿区若松町12番1号 〒162-0056
振替番号　00190-7-98602
電話　営業部　03(3207)1916

印　刷　中央精版印刷　製　本　大口製本

万一、落丁、乱丁がありました節は、お取りかえします。
ISBN978-4-413-03983-3 C0077

たった1人の運命の人に「わたし」を選んでもらう方法
滝沢充子

逆風のときこそ高く飛べる
鈴木秀子

東大合格請負人の
子どもの学力がぐんぐん伸びる「勉強スイッチ」の入れ方
時田啓光

会社の中身がまるごと見える!
「会計力」のツボ
「バランスシート」は数字を見るな!
中村儀一

からだの中の自然とつながる
心地よい暮らし
自分がいちばん落ち着く毎日をつくる法
前田けいこ

青春出版社の四六判シリーズ

なぜ、あの上司は若手の心を開くのか
齋藤直美

頭皮ストレスをなくすと髪がどんどん増えてくる
徳富知厚

「やっていいこと・悪いこと」がわかる子の育て方
いちばん大事なのは「自分で判断する力」
田嶋英子

あなたの脳のしつけ方
中野信子

5回ひねるだけで痛みが消える!
「背中ゆるめ」ストレッチ
岩井隆彰